AF800222

FUNDAMENTOS JURÍDICOS DE LAS INDUSTRIAS CULTURALES Y CREATIVAS

FUNDAMENTOS JURÍDICOS DE LAS INDUSTRIAS CULTURALES Y CREATIVAS

Manuel Palomares Herrera

COLEX 2024

Copyright © 2024

Queda prohibida, salvo excepción prevista en la ley, cualquier forma de reproducción, distribución, comunicación pública y transformación de esta obra sin contar con autorización de los titulares de propiedad intelectual. La infracción de los derechos mencionados puede ser constitutiva de delito contra la propiedad intelectual (arts. 270 y sigs. del Código Penal). El Centro Español de Derechos Reprográficos (www.cedro.org) garantiza el respeto de los citados derechos.

Editorial Colex S.L. vela por la exactitud de los textos legales publicados. No obstante, advierte que la única normativa oficial se encuentra publicada en el BOE o Boletín Oficial correspondiente, siendo esta la única legalmente válida, y declinando cualquier responsabilidad por daños que puedan causarse debido a inexactitudes e incorrecciones en los mismos.

Editorial Colex S.L. habilitará a través de la web www.colex.es un servicio online para acceder a las eventuales correcciones de erratas de cualquier libro perteneciente a nuestra editorial.

© Manuel Palomares Herrera

© Editorial Colex, S.L.
Calle Costa Rica, número 5, 3.º B (local comercial)
A Coruña, C.P. 15004
info@colex.es
www.colex.es

I.S.B.N.: 978-84-1194-674-2
Depósito legal: C 1497-2024

«El Derecho es la razón universal, la suprema razón fundada en la naturaleza misma de las cosas. Las leyes son o deben ser el derecho reducido a reglas positivas. El Derecho es moralmente obligatorio; pero, por sí solo no lleva consigo coacción ninguna; él dirige, las leyes ordenan, sirve de brújula, y las leyes de compás».

Rudolf von Ihering
(1818 - 1892)

SUMARIO

PRÓLOGO

Cuando mi amigo y compañero Manuel Palomares Herrera me remitió el borrador de lo que ahora es el *Manual de fundamentos jurídicos de las industrias culturales y creativas*, sentí un gran orgullo poder participar en esta obra universitaria tan especial y oportuna. Pero también porque un manual universitario siempre abre una nueva etapa a nivel docente y personal, en este caso, el autor cuenta con una formación brillante y excelente, pues, no sólo es doctor en Derecho por la Universidad de Jaén (2017), sino que ha cursado el Máster Universitario en *Democracia, Derechos Humanos y Globalización* en la UOC (2021), habiendo obtenido el premio al mejor Trabajo Fin de Máster (2021), y un segundo Máster en Igualdad de Género (2018), entre otros cursos de formación adicional. Dentro de la experiencia profesional, cabe destacar que desde el año 2018 es profesor universitario (acreditado por ANECA como profesor contratado doctor) en la UNED, UNIR y en UEMC, impartiendo asignaturas presenciales y a distancia en diferentes Grados y Máster Universitarios. Para terminar, y a nivel de publicaciones, es autor de más de treinta monografías, artículos científicos y recensiones en revistas indexadas, editoriales de prestigio y comunicaciones dentro y fuera del Estado español, entre las que podemos destacar *Transparencia y Acceso a la Información en el Sector Público*, publicado por Wolters and Kluwer (2018), y el premio en el bicentenario de la Constitución española por su trabajo *Constitución de 1812* (2012).

Realizando un breve recorrido a nuestro derecho constitucional, el derecho a la cultura aparece en la Constitución española de 1931, cuando el artículo 48 reconoce que *«el servicio de la cultura es atribución esencial del Estado, y lo prestará mediante instituciones educativas enlazadas por el sistema de la escuela unificada»*. En la actualidad se incorpora en el artículo 44, y sin sufrir alteraciones significativas durante el período de tramitación constitucional, se perfiló como *«1. Los poderes públicos promoverán y tutelarán el acceso a la cultura, a la que todos tienen derecho. 2. Los poderes públicos promoverán la ciencia y la investigación científica y técnica en beneficio del interés general»*. De ahí que se contemple el derecho a la cultura *«stricto sensu»*, con la obligación impuesta a los poderes públicos para promover y tutelar su acceso, con la investigación científica y técnica, siempre en beneficio del interés general.

Adentrándonos en el contenido del manual, puedo indicarles que no existe otra obra similar que comprenda el derecho de la cultura, de ahí no sólo la novedad y valentía en su conformación, sino que ha sido capaz de brindarle claridad en el enfoque de su contenido a una materia de especial complicación jurídica. Como se indicó, el manual contiene una estructura acertada y adecuada, en la que se han delimitado cuatro bloques que comprenden el derecho de la cultura desde una perspectiva global, pues, no sólo tiene elementos jurídicos del derecho constitucional, sino del administrativo y mercantil, que lo dotan de una consistencia digna de mención. La primera parte hace referencia a la definición del concepto, las características y sus fuentes, con una referencia obligatoria al derecho mercantil y del registro mercantil. A lo largo de la segunda parte se procede con el estudio de lo que podríamos denominar el aspecto institucional del derecho de la cultura, no sólo desde las diferentes instituciones que la hacen posible, sino con el encuadre de la intervención de la Administración Pública y del derecho multinivel que lo caracteriza. A continuación, se entra en la tercera parte, que se divide en el derecho de la competencia, la propiedad intelectual y la protección jurisdiccional de los derechos. Finalmente, el lector se sumerge en los diferentes tipos de formas jurídicas que permiten el desarrollo y la promoción del derecho de la cultura.

Quiero concluir reiterando mi felicitación al doctor Palomares Herrera por haber llevado a término este trabajo innovador en la materia y destinado, especialmente, pero no en todo lugar, a los estudiantes universitarios, si bien, cualquier persona que tenga interés en la materia encontrará una introducción al derecho cultural. Estoy seguro de que encontrará muchos éxitos, y será un punto de inflexión en su trayectoria docente y profesional, al que le vendrán otros posteriores que serán el desarrollo de algunas partes que se contienen en este manual universitario.

En Gijón, a 8 de agosto de 2024.

Fruela Gonzalo Río Santos
Profesor Doctor de Derecho

PRESENTACIÓN

El derecho es una ciencia horizontal que se extiende a todos los ámbitos de la vida, incluida la cultura. En los últimos, años ha venido aumentando el interés jurídico en este ámbito a través de la aprobación de numerosa legislación nacional e internacional al respecto, así como la estructuración de organismos públicos culturales. Por ello, algunas universidades españolas pioneras como la Universidad Europea Miguel de Cervantes, la Universidad Miguel Hernández o la Universidad Internacional de la Rioja en su ánimo de perpetuar su reputada estela de excelencia en sectores de futuro, apuestan por el mercado cultural respecto a la mejora de las competencias, aptitudes y calidad profesional del gestor cultural ya sea en lo público o lo privado, nacional o internacional.

El nuevo concepto de Industrias Culturales y Creativas (en adelante *ICC*) ha venido para quedarse, desde la década de los años noventa con su primera introducción por Horkheimer, hasta la ya total implantación por todos reconocida. ICC es un término que viene a englobar todo lo que se refiere a la generación, producción, proyección, administración, gestión, dirección, protección, promoción y difusión de la cultura en su sector y su conjugación con todos los elementos que la rodean para poder cumplir con los objetivos del proyecto en términos de eficacia, efectividad y eficiencia. Hablamos de un sector de influencia con la gastronomía, la economía, la política, el ocio, el turismo y hasta el *marketing*, pues la expresión artística no tiene límites y es del todo transversal.

Actualmente, ya todos nos referimos a las ICC para aludir al sector de los museos, el cine, el libro, el musical, la danza, el patrimonio o la interpretación artística, porque realmente constituyen una industria que aporta al PIB cada vez mayores porcentajes, y eso es algo de lo que todos debemos de sentirnos orgullosos, pues España se coloca como un referente de la creatividad. Una economía educativa, recreativa, limpia, sostenible, ilustrada y que dota al país de un perfil sofisticado que nos hace competir con los líderes en producción y exportación de bienes culturales como Reino Unido, Japón, Polonia o Alemania.

España siempre se ha caracterizado por ser una nación cultural rica y de gran valor creativo e histórico, pero debe de saber canalizar este talento a través de unas ICC que nos vertebran y que hoy, representan solo un sostenido 2,5 % del PIB. También es cierto que el período de crisis económica por la Gran Recesión de 2008 afectó letalmente al sector por ser contenidas las partidas presupuestarias estatales destinadas al mismo y siendo las primeras en recortarse, pero vuelven a incrementarse paulatinamente hasta nuestros días pasando de los 720.000.0000 € en 2013 a los 837.000.000 € en 2018 sin contar las tendencias ascendentes actuales.

En el caso de la citada institución universitatia, la UEMC, se pone en valor a las ICC incluyendo la asignatura Fundamentos Jurídico-Mercantiles de las ICC en su Máster Universitario en Dirección y Gestión de las ICC, el primero de su categoría. La asignatura en dicha formación oficial, que posee el carácter de materia obligatoria, ha tenido una exitosa implantación si acudimos a la experiencia, habida cuenta del excelente grado de interés e implicación que el alumnado ha venido expresando.

Fundamentos Jurídico-Mercantiles es una rama del Derecho Cultural y posee dos partes bien diferenciadas, una dedicada a la introducción al Derecho mercantil y otro enfocado al derecho cultural y de las industrias culturales *late sensu*. El manual por el que se estudia la materia ofrece desde una perspectiva amplia el conocimiento del ámbito jurídico aplicado a las ICC, la cual es esencial para que el futuro director o gestor cultural conozca, entienda y se familiarice con todas las cuestiones jurídicas que se encontrará.

Un gestor o director cultural debe poseer la capacidad de localizar las normas que le regirán en su actividad, interpretarlas, su ubicación administrativa y por lo tanto le dote de unos conocimientos generales que le permitan manejarse con soltura y comodidad en lo que al ámbito legal se refiere. Si bien el gestor o director cultural no es un jurista, pues no requiere conocimientos doctos, profundos ni analíticos del derecho, si necesita poseer nociones generales que le hagan conocer el espacio en el que ha de manejare. Como se citaba, ese conocimiento imprescindible se proyecta en el saber cuáles son las normas básicas que regulan cada materia cultural y cuáles son los principales conceptos a asimilar en el rubro mercantil y ello justifica el presente manual.

Para ello, Fundamentos Jurídico-Mercantiles pretende proporcionar una aproximación sencilla y una visión global del marco legal a nivel internacional, comunitario y nacional (constitucional, administrativo, etc.). También, se estudiarán los textos sobre los distintos sectores culturales, como el patrimonio, el teatro, el cine o la música. Como parte práctica, se incluye un epígrafe sobre cómo proteger procesalmente los derechos de PI en la jurisdicción ordinaria.

Finalmente, hay que señalar que al lector del presente manual ya se le supone instruido en conocimientos básicos previos de gestión cultural y con los conceptos y herramientas necesarios para poder enfrentarse a la asignatura. Por esto y, en conclusión, se ampliarán sus conocimientos ofreciendo al estudiante el código básico de derecho de las ICC que le forme y faculte en lides jurídicas de una forma amena, práctica, útil y cercana.

Dedicamos el presente en general a todos los alumnos y profesores del Máster en Gestión y Dirección de las Industrias Culturales y Creativas y en especial a todas aquellas personas que dan la batalla por echar a andar sus proyectos en el ámbito de la cultura a pesar de las dificultades propias de la vida moderna, del sector y de la economía, los cuales nutren la esperanza del resto de ciudadanos en un mundo más sensible y ordenado.

En Jaén, 1 de octubre de 2024.

Manuel Palomares Herrera

PARTE I

DERECHO MERCANTIL

CAPÍTULO 1

INTRODUCCIÓN

Esta materia que nos va a invitar a completar la formación jurídica aplicable en el sector cultural, va a ir desplegándose gradualmente desde la generalidad del derecho, pasando por el derecho constitucional, mercantil y cultural para finalmente aproximarnos a los elementos aplicados al estatuto jurídico nuestro, el del gestor o director cultural, que es el objetivo en sí, tener los recursos elementales para operar con cierta destreza, conocimiento de contexto y seguridad jurídica en la profesión respecto a las cuestiones legales.

1.1. Derecho en general

El derecho, como disciplina y como ciencia, ha evolucionado significativamente en respuesta a los cambios sociales, tecnológicos y políticos pasando de ser *ab initio* un pensamiento o una filosofía de la justicia a ser ya una ciencia con unos elementos, unas operaciones combinadas y un juego que ofrece unos resultados en función de una serie de variables.

No puede negarse que el derecho y la administración de justicia ha sido una institución central en la organización de la sociedad, pero su concepto y aplicación no han sido estáticos, pues ha pasado desde el derecho natural en la antigüedad, al positivismo jurídico en el siglo XIX, hasta el realismo jurídico en el siglo XX, cada etapa ha reflejado los valores y necesidades de su época (Hart, 1961; Dworkin, 1977).

Pero, para comenzar, hemos de preguntarnos, ¿qué es el derecho? Podemos definir al derecho como un conjunto de normas y principios que rigen la conducta de las personas en una sociedad. Estas normas, imprescindibles para una convivencia pacífica, están diseñadas para mantener el orden social, proteger los derechos y libertades individuales y promover la justicia. Por tanto, sus características fundamentales son:

- Normatividad: Se compone de normas que establecieron lo que se debe o no se debe hacer. Estas normas son obligatorias y tienen consecuencias legales.
- Sistematicidad: Las normas jurídicas están organizadas de manera coherente y jerárquica, formando un sistema que abarca desde constituciones y leyes hasta reglamentos y decretos.
- Coercitividad: El derecho implica la posibilidad de imponer sanciones en caso de incumplimiento, asegurando así su cumplimiento y efectividad.
- Equidad: El derecho busca promover la justicia, entendida como la distribución equitativa de derechos y obligaciones, y la resolución imparcial de conflictos.
- Legitimidad: Las normas jurídicas deben ser aceptadas y reconocidas como válidas por la sociedad por procedimientos democráticos o de la tradición.

Dicho lo cual, hemos de decir que este concepto y características han ido variando a lo largo de la historia y de escuelas doctrinales en donde partimos con las primeras normas impuestas como el Código de Hammurabi de 1795 aC —probablemente el soporte más antiguo datificado con lo más cercano a una regla social—, a nivel europeo The Bill of Right de 1689 o a nivel español las Siete Partidas de Alfonso X de 1221, los muchos códex, por citar algunos. Pero entendiendo el derecho doctrinalmente como tal, habríamos de entender este en primer lugar desde la teoría del iusnaturalismo de Santo Tomás de Aquino o Locke, que sostiene que el derecho se basa en principios morales universales e inmutables, que son inherentes a la naturaleza humana y que existen independientemente de las normas legales promulgadas por el Estado.

Más adelante, la teoría del positivismo jurídico de Kelsen o Hart defiende que el derecho es un conjunto de normas creadas sistémica y sistémicamente por la autoridad soberana del Estado, por escrito y con vías procedimentales técnicas, es decir, que se considera derecho lo que ha sido promulgado formalmente por las instituciones competentes. En tercer lugar, habríamos de referirnos a la teoría del realismo jurídico de Wendell Holmes o Llewellyn, corriente que se enfoca en cómo el derecho se aplica y se interpreta en la práctica cierta y auténtica, más allá de su formulación teórica. Esta se interesa por el comportamiento de los jueces y otros actores del sistema jurídico, sus consecuencias, su utilidad, la teología y la eficacia y eficiencia aplicada a la realidad social.

Finamente, esta última teoría, nos lleva a preguntarnos por la utilidad del derecho hoy, ¿para qué sirve el derecho? Podríamos enumerar las funciones del derecho en:

- Regulación de conducta: Establece las reglas que los individuos y organizaciones deben seguir para coexistir pacíficamente en comunidad como por ejemplo las normas de circulación vial o el Código Penal.
- Resolución de conflictos: Proporciona mecanismos para resolver disputas entre dos o más partes, ya sea a través de tribunales o métodos alternativos de resolución de conflictos como la mediación, la conciliación o el arbitraje.
- Protección de derechos: Garantiza y protege los derechos fundamentales de las personas, como la vida, la libertad y la propiedad a través de normas positivas y negativas y con el sistema punitivo como un elemento coercitivo para evitar la comisión de delitos o infracciones.
- Promoción de Justicia Social: Esta nueva función que proviene de la política contemporánea busca corregir desigualdades y promover el Estado del bienestar social mediante leyes que protejan a los grupos vulnerables y promuevan la equidad. Un ejemplo es la Seguridad Social, los sistemas nacionales de empleo, de juventud o de redistribución de la riqueza a través de la financiación autonómica o el sistema fiscal[1].

1 Como vemos, hoy, una de las características del nuevo concepto contemporáneo de derecho es su creciente interdisciplinariedad. Las ciencias sociales, la economía, la tecnología y la ética han influido sig-

- Estabilidad y Cambio Social: Proporciona un marco estable para la interacción social, pero también permite adaptaciones y cambios a través de reformas legales con normas como las que acoplen nuevas conductas de forma paulatina como por ejemplo la integración de los vehículos de movilidad personal, las nuevas formas de familia o los nuevos modelos de relación laboral[2].

1.2. Concepto, antecedentes y elementos mercantiles

A continuación, hemos de ubicar en un paso más nuestro estudio, para lo que hemos de entender que el derecho como paraguas, posee debajo una serie de disciplinas como lo son el derecho procesal, el derecho constitucional, el derecho laboral, el derecho administrativo, el derecho penal, el civil, el cambiario y un largo etcétera. Pues bien, uno de ellos es el derecho mercantil (en adelante, DM).

Lo definiremos como aquella rama del derecho privado especial —escindido parcial y paulatinamente del Derecho Civil— que se encarga de regular las relaciones que surgen por parte del empresario en el desarrollo de su empresa en su actividad económica centrada en la generación de rentas, recursos y plusvalías. Otra definición práctica sería que esta disciplina supone el conjunto de normas vigentes relativas a los comerciantes españoles en el ejercicio de su profesión, a los actos de comercio legalmente calificados como tales y a las relaciones jurídicas derivadas de la realización de estos. *Ergo*, podemos concluir diciendo que es la rama del Derecho que regula el ejercicio del comercio y lo relativo a la empresa en sí.

Siguiendo otra definición del manual de Sánchez Calero, podemos entender el DM como *«la parte del Derecho Privado que comprende el conjunto de normas jurídicas relativas al*

nificativamente en la teoría y práctica jurídica. Por ejemplo, el análisis económico del derecho ha proporcionado nuevas perspectivas sobre la eficiencia y efectividad de las normas legales (Posner, 1973).

2 Y es que la era digital ha planteado nuevos desafíos y oportunidades para el derecho. La protección de datos, la propiedad intelectual en el ámbito digital y la regulación de la inteligencia artificial son algunos de los temas que requieren un enfoque renovado y adaptado a los avances tecnológicos (Lessig, 1999; Floridi, 2014).

empresario y a los actos que surjan del ejercicio de su actividad económica». Las notas fundamentales de este concepto como podemos apreciar son dos: que es parte del Derecho Privado y que es el derecho de los empresarios.

Pasemos a analizarlo por partes: En primer término, decimos que se trata de un aparte del Derecho Privado, la cual es una de las dos categorías fundamentales en que se divide el Derecho Objetivo. El Derecho Privado se preocupa de regular las relaciones entre los particulares, y en concreto el DM regula las relaciones de los empresarios entre sí, o las de éstos con sus clientes[3]. Pero en la actualidad no se puede decir que se trate solamente de Derecho Privado, ya que el creciente intervencionismo estatal hace que muchas normas de Derecho Administrativo y Fiscal modulen y afecten a las normas mercantiles tradicionales.

En segundo lugar, nos referimos a que son las normas subjetivas dirigidas al empresario, que es el sujeto final de las relaciones que constituyen la esencia de este Derecho si bien ello no impide que excepcionalmente las normas de DM puedan aplicarse a casos en los que no intervenga un empresario, como puede ser en el supuesto de la letra de cambio en donde tradicionalmente participan particulares. Adicionalmente, por colmatar, hemos de manejar y definir otros conceptos que en la semántica del derecho son de utilidad conocer en la disciplina y que pasamos a resumir:

- Derecho comparado: Legislaciones de otros países extranjeros comparadas con la legislación española. Comparación técnica de nuestro derecho, de nuestras normas y sistemas jurídicos con el de otros países.
- Derecho consuetudinario o costumbre: Fuente del derecho no escrita, que nace de la costumbre, de la repetición y de la tradición en virtud de la cual se generan normas.
- Derecho general: El DC, o sea, el derecho de todos.
- Derecho positivo: Derecho escrito, aprobado y en ejercicio.

3 *Contrario sensu*, el derecho público es aquel que estudia las relaciones del ciudadano con el Estado y viceversa o los órganos públicos entre ellos o en el funcionamiento interno de los mismos.

- Derecho Privado Especial: Derecho que regula las relaciones entre un colectivo concreto de particulares (DM).
- Derecho Privado: Derecho que regula las relaciones entre particulares (DC, Derecho Laboral y DM).
- Doctrina: Estudios especializados sobre una disciplina o cuestión realizados por autores y/o estudiosos doctos en la materia. Son los estudiosos que interpretan las normas y que intervienen en la conformación y perfeccionamiento del ordenamiento.
- Empresa: Objeto y proyecto del que es titular el empresario y mediante el cual desarrolla su actividad empresarial.
- Empresario: Persona física o jurídica titular de la empresa que de forma profesional y en nombre propio organiza la empresa o lo que es lo mismo, organiza una serie de bienes y servicios para el mercado.
- Jurisprudencia: Conjunto de resoluciones judiciales firmes del Tribunal Supremo sobre un tema o materia específica.
- Persona jurídica: Ente abstracto con personalidad y capacidad jurídica, con responsabilidad, derechos y obligaciones que ha sido integrado por el legislador para dar un tratamiento unitario a una colectividad, sociedad o unidad que surge de un contrato.

A continuación, hemos de poner la mirada en el origen histórico para comprender el hoy del derecho que nos ocupa y es que, a efectos de antecedentes, el DM como el primer derecho para profesionales, pero que puede operarse ya también por un consumidor que pueda verse afectado en una relación contractual con un producto o servicio (transportes, circulación, contractual, bursátil, bancario...).

Si datamos el nacimiento consolidado del DM alrededor del s. XII-XIII, es porque en esta época hay un *boom* socioeconómico mundial con motivo de un medievo español que converge con una población europea[4] que experimenta la ampliación de rutas comerciales (rutas orientales y de

4 Hemos de indicar que el DM español tiene gran influencia francesa dado que tiempo atrás adquirimos el modelo jurídico francés, por lo que cuando se realizaba un acto de comercio ya se estaba sometido al DM; la problemática surge cuando se intenta definir y delimitar el

cabotaje) donde surge un caldo de cultivo propicio para generar unas normas que canalicen estas operaciones que escapan del DC. Atendamos a la perspectiva de Asenjo (2001; 133) al respecto:

> «A su vez, cabe reconocer que la actividad mercantil a fines de la Edad Media estableció un proceso de jerarquización que polarizaba a la sociedad y a la economía del reino, y en particular a las ciudades, en la proximidad de los principales ejes de comunicación y de las áreas del comercio. En el reino de Castilla se pueden destacar algunas áreas de mayor actividad, aunque todas mantenían contactos con el comercio internacional de mayor o menor envergadura. Las grandes áreas de comercio se convertían en receptoras de diferentes mercancías de importación, se relacionaban entre sí por el interior y se acercaban a otras zonas de la Corona de Aragón y al Mediterráneo».

Unos siglos después, en los ss. XVI-XVII, tras una concatenación de desastres varios (epidemias bubónicas, carestías, hambrunas, represiones e insurgencias sociales y religiosas que catapultaron a posteriores escisiones religiosas, sequías...) y con más recursos para menor población, con el descubrimiento de nuevas tierras fértiles en América, la roturación masiva en el agro, la generación de nuevas rutas comerciales, la integración de nuevas materias primas y con un aumento en el desarrollo del comercio interior y exterior, el DM amplía su aplicación desde una perspectiva subjetiva a una escala hasta el momento desconocida. Por ende, los sujetos de aplicación del DM ya no sólo serán los profesionales o comerciantes tradicionales, sino que afectará también a aquellas personas que se relacionen con ellos o bien desarrollen algún acto comercial.

En España, un primer momento del DM se encuentra recogido en el derecho consuetudinario, en la costumbre, en la tradición, en la repetición consolidada de conductas ordenadas; después hubo una codificación rigurosa. En el caso regional, después de la segunda codificación (1885) que todavía está en vigor parcial, dado que existe una dispersión

concepto de acto de comercio, de aquí que se sustituya el concepto de acto de comercio por el de empresario.

de normas especiales debido a normativas, leyes particulares, regímenes jurídicos y similares que se encuentran fuera del CCom en la actualidad[5].

Dicho lo cual, podemos desglosar la evolución del DM en cuatro grandes fases. En primer lugar, una fase consuetudinaria ubicada en los s. XI a XIV en donde la única fuente del DM era la costumbre feudal basada en la autosuficiencia en el cambio de mercancías, el trueque donde las reuniones comerciales en plazas y puertos son la base de las actuales operaciones comerciales.

En segundo lugar, en el s. XVIII, podemos hablar de una fase precodificadora cuyas fuentes eran los usos y la normativa que rodeaba la monarquía, los consulados y las compañías coloniales. Decimos que la fuente del derecho sigue siendo el uso y costumbre pues se comienza a exigir por el monarca el derecho por escrito a través de las ordenanzas que consolidan las mismas en normas. Estas ordenanzas también recogen las normas y encomiendas de los consulados en el exterior[6].

Ya en el s. XIX comienza una paulatina codificación de esas normas tan dispersas en distintas compilaciones (en 1807 el Código Francés, en 1829 una copia del anterior y en 1885 el CCom actual). La teoría dominante en Francia en 1807 era la teoría de los actos de comercio, es decir, las normas del DM como un conjunto de actos mercantiles y así, no se puede diferenciar una norma civil de una mercantil si no fuere por el sujeto activo o pasivo que la realiza, el empresario o comerciante.

Significa ello que la fuente principal de DM no es sólo el CCom, sino las leyes especiales que en ocasiones derogan, actualizan, reforman, unifican o amplían. También entramos en una fase de unificación con otras sociedades de Europa, o lo que es lo mismo, el Derecho Comunitario. En las leyes especiales mercantiles ocurre que la teoría doctrinal es la teoría del profesor alemán Wieland en la que se supera la teoría de los *«actos de comercio»* poniéndose en el centro del

5 A esto se le conoce como el vaciamiento del CCom por la paulatina especialización de un DM que se va sofisticando ante un mercado más complejo.

6 En las compañías coloniales se crean fundamentalmente para explotar las nuevas tierras a través de encomiendas reales.

comercio mercantil al empresario. Hemos de tener en cuenta que no todas las sociedades son empresarios porque el DC no controla a los empresarios sino actos civiles de población civil sin que tenga que tener el carácter profesional de comerciante pues no todas las sociedades son mercantiles[7].

En el art. 3 de Cc se nos obliga a interpretar las normas en el momento justo que estamos viviendo. Esto influye en que la descodificación actual aplica la teoría de la empresa ya que las leyes especiales son las que se aplican realmente y ahí recogen el DM actual. Así, la teoría de Wieland es la *«teoría del empresario»* totalmente opuesta a la *«teoría de los actos»* a la que os referíamos. Esta nueva teoría se basa en las leyes especiales, la actualmente usada y la que explica la diferencia entre compra-venta civil y mercantil y la que sitúa en el centro de la regulación al empresario en su *status.*

La costumbre, que es norma no escrita que antecede el legislador, la impone al DC. Hay doctrina mayoritaria que defiende[8], en torno a la costumbre, que el origen del DM es fundamentalmente la costumbre y que esta ha jugado un papel intachable e incuestionable; por ello, para el DM, es importante la costumbre permanentemente pues como no es un derecho estático, ha de mirar la costumbre para ir evolucionando paralelamente a esta.

1.3. Características y fuentes

Para reconocer al DM vamos a señalar cuáles son sus principales características:

- Se trata de un derecho con vocación de universalidad, con tendencia al cosmopolitismo y a la internacionalidad, ya que el tráfico mercantil tiende a superar las fron-

7 Más adelante, en el epígrafe de las formas jurídicas veremos que existen también las llamadas sociedades civiles.

8 Una doctrina minoritaria considera por otro lado que las condiciones generales de contratación se basan en un sistema de derecho consuetudinario. Aunque el art. 2 del CCom hable de ley especial, costumbre especial y norma civil, en el art. 50 CCom se anteponen en el tema de contratación, varía la fuente principal anteponiendo la norma civil a la costumbre. Con todo ello el Cc será siempre una norma supletoria en DM.

teras de los Estados, pudiendo se apreciado tal carácter de manera especial en el Derecho Marítimo.

- Es una rama del derecho en la que el elemento consuetudinario tiene una gran importancia, habiendo constituido los usos mercantiles una de sus principales fuentes.
- Es una rama del derecho que, a pesar de su autonomía, presenta cierta subordinación respecto del DC, siendo dicha influencia reciproca, hasta el punto de hablarse hoy de una comercialización del DC.
- Flexibilidad, tipicidad y rapidez en la contratación.
- Tendencia democrática, que se muestra en la reforma derecho en la regulación de las sociedades anónimas y limitadas.
- Tendencia socializadora mediante la intervención estatal, que se manifiesta en distintas instituciones.

Por otro lado, técnicamente, y en lo que a fuentes se refiere, no puede haber una teoría propia de las fuentes del DM, ya que éste no ofrece formas especiales de manifestarse distintas de las del DC. Uno y otro se exteriorizan a través de dos fuentes fundamentales: la ley (CE, CCom y Derecho Común), la costumbre y los principios generales del derecho. Sólo su contenido puede determinar las diferencias entre la ley y la costumbre civil y mercantil.

El art. 2 CCom, en su párrafo 1.º establece que *«Los actos de comercio, sean o no comerciantes los que los ejecuten, y estén o no especificados en este Código, se regirán por las disposiciones contenidas en él; en su defecto, por los usos del comercio observados generalmente en cada plaza; y a falta de ambas reglas, por las del Derecho común».* Este precepto no sólo enumera las fuentes expresamente reconocidas del DM, sino que además determina el orden jerárquico de las mismas.

Además, según el art. 50 CCom, *«Los contratos mercantiles, en todo lo relativo a sus requisitos, modificaciones, excepciones, interpretación y extinción y a la capacidad de los contratantes, se regirán en todo lo que no se halle expresamente establecido en este Código o en Leyes especiales por las reglas generales del Derecho común».* Por lo tanto, puede hablarse de ley general (el CCom) y de leyes mercantiles especiales posteriores al mismo[9], ya sean modificativas o complementarias. El art. 2 CCom no hace referencia alguna a las leyes especiales, lo cual no significa que no sean fuente del DM.

Así pues, en un primer nivel destacamos preceptos constitucionales españoles a todos los ciudadanos aplicables en el terreno mercantil en lo que se conoce como la constitución económica:

- Libertad de empresa (art. 38.1 CE): Consiste en el derecho a crear empresas en una sociedad democrática, decidir dónde crearse, cómo va a ejercerse la actividad empresarial, a qué precio producir, etc. El segundo inciso del artículo *«Los poderes públicos garantizan y protegen [la libertad de empresa] y la defensa de la productividad, de acuerdo con las exigencias de la economía general y, en su caso, de la planificación»* nos deja una infinidad de ejemplos de ello: la política de fomento de las PYMES, las políticas de promoción de la libre competencia, la intervención en materia de prácticas abusivas, competencia desleal, etc.
- Propiedad privada (art. 33.1 CE): No sólo se reconoce la propiedad privada de los bienes de consumo, sino también pueden ser objeto de propiedad privada los medios de producción. El art. 33.1 CE no dice derecho *«de»* propiedad privada, sino *«a»* la propiedad privada, lo cual significa tener derecho a que en España el derecho a la propiedad privada no sea solamente sobre los bienes de consumo, sino también sobre los medios de producción.
- Libertad para decidir qué tipo de actividad realizar (art. 35 CE): Tanto desde la óptica del trabajador como del empresario.
- Derecho a crear sociedades (art. 22 CE): El artículo de la CE habla del *«derecho de asociación»* (ejemplos de asociaciones: asociación de vecinos, sindicatos, partidos políticos y un largo etcétera), que consiste en una unión

---

9 Entre otras, podemos citar la Ley de Reforma del Mercado de Valores de 28 de julio de 1988, el Texto refundido de la Ley sobre Sociedades Anónimas de 22 de diciembre de 1989, la Ley de Sociedades de Responsabilidad Limitada Nueva Empresa de 2003, la Ley Cambiaria y del Cheque de 1985, la Ley de Hipoteca naval de 1893 y la Ley Concursal de 9 de julio de 2003.

de personas (como mínimo, tres) que persiguen fines de interés general mientras que una sociedad implica una unión de personas que persigue fines que obedecen al interés particular de los socios sea económico o no, creando para ello una estructura organizativa como es la sociedad. Si bien concepto estricto de asociación no coincide, pues, con el concepto estricto de sociedad. Ello se salva con la doctrina del TC, según la cual las sociedades participan de la protección constitucional de las asociaciones lo que incluye el derecho a crear sociedades.

- Libertad de circulación (art. 19.2 CE desprendido del art. 139.2 CE): Otorga la posibilidad de elegir libremente el lugar de localización de la empresa, cómo distribuir, así como el poder seleccionar libremente su lugar de producción, comercialización, etc.
- Derecho a la propia imagen (art. 18.1 CE): Propiedad industrial, intelectual y protección de los signos distintivos y al honor de la marca.
- Derecho a la libertad de expresión (art. 20 CE): El mensaje publicitario está protegido y amparado por la libertad de expresión. Resulta éste un tema controvertido pues la reiterada doctrina de nuestro TC tiene declarado que la finalidad de ganar dinero no merece menor protección que cualquier otra, y, por tanto, la misma debe encontrarse amparada por la libertad de expresión, contando además con sus mismos límites[10].
- Libertad de contratación (art. 10 CE): Una empresa en su devenir comercial se ve obligada a contratar con vendedores, proveedores, servicios externos, etc. Estas relaciones han de venir presididas en todo momento por el principio de la autonomía de la voluntad, que reconoce absoluta libertad a la hora de definir las cláusulas que integrarán el contrato siempre que estas *«no sean*

10 Hace algún tiempo la empresa *Benetton* anunció una campaña donde las personas que aparecían presentaban apariencia de personas afectadas severamente por la enfermedad del VIH. Se motivó que no por su finalidad lucrativa la campaña publicitaria merecía menor protección; asimismo, se sostuvo que contribuía a fomentar medidas de sensibilización de la sociedad. El juicio a realizar, por tanto, es el mismo que el que hiciéramos con otro tipo de mensajes.

contrarias a las leyes, la moral ni al orden público» (como prescribe el art. 1.255 Cc).

- Libre desarrollo de la personalidad (art. 10 CE): Que ampara la libertad de decidir, entre ella, la libertad de contratación para obligarse.
- Iniciativa pública en la actividad económica (art. 128 CE): Indica el segundo inciso del precepto que *«... Mediante ley se podrá reservar al sector público recursos o servicios esenciales, especialmente en caso de monopolio y asimismo acordar la intervención de empresas cuando así lo exigiere el interés general».* Como vemos, la posibilidad de crear empresas públicas es lo que se consagra. Su financiación entraña un posible peligro porque puede colocar a la empresa pública en una situación de ventaja con respecto a empresas de capital privado, dando lugar a situaciones de competencia desleal que el sano equilibrio político se encarga de paliar. Esta posibilidad de crear empresas públicas existe, pero su funcionamiento tiene que producirse en igualdad de condiciones con el resto de empresas que compiten en el mercado[11].
- Planificación de la actividad económica (art. 131 CE): Puede ser indicativa o imperativa. Será indicativa mediante el uso de incentivos: subvenciones, desgravaciones fiscales, etc., siendo fiscalizable por los organismos de la UE o será imperativa si está vinculada a la producción de productos, fijación de sus precios, etc. No se puede recurrir a este artículo para planificar toda la actividad económica, pues ello nos colocaría en una economía de tipo soviético, y la CE establece como límite de la planificación no soterrar la economía de libre mercado que conjuga.

11 Un ejemplo es Radio Televisión Española, un servicio esencial que ha de ser garantizado al consagrar el derecho de la ciudadanía a ser informada y a recibir contenidos adecuados y actualizados. Esta marca no compite realmente o al menos no es su objetivo pues no pelea por publicidad, por anuncios ni por audiencia, con lo que el punto de competencia no es algo controvertido.

Tras la CE[12], la Ley mercantil fundamental es el CCom de 1885[13], que, lejos de constituir un progreso en la materia, se limitó a perfeccionar el estilo deficiente de su predecesor Código de 1829. La pretensión de sus autores fue instaurar un sistema objetivo en materia de DM, de manera que éste fuera el derecho de los actos comerciales. Pero el CCom partió de una técnica de delimitación de la materia mercantil tan defectuosa que a la larga ha resultado inútil, ya que el acto de comercio es un concepto que no ha podido aclararse a pesar de los esfuerzos de la doctrina, y menos con la fórmula tan amplia como estéril que utiliza el art. 2.2.º CCom al decir que *«serán reputados actos de comercio los comprendidos en este Código y cualesquiera otros de naturaleza análoga»*.

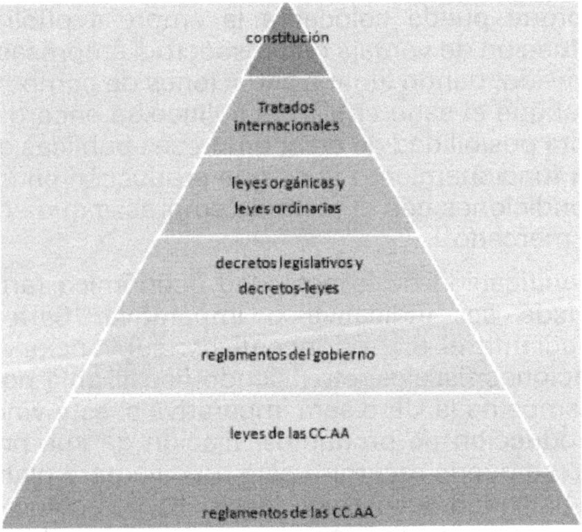

Ilustración 1: Pirámide de Kelsen «nacional»

12 Pero no fuera del ella por dos razones: una que el CCom forma parte del bloque de la constitucionalidad, al igual que las leyes elementales de un Estado y que desarrolla instituciones constitucionales dogmáticas (materia de defensa, electoral y otras competencias sensibles para el funcionamiento del Estado) u orgánicas (leyes del Poder Judicial, las procesales, etc.) por no estar explícitamente dentro de la CE; y por otro lado porque como indicamos existe una constitución económica dentro de la CE, figuradamente, con el florilegio o conjunto figurado de artículos de la materia.

13 El CCom se puede dividir en cuatro grandes libros: Libro I *«De los comerciantes y del Comercio en general»;* Libro II *«De los contratos de Comercio»*; Libro III *«Del comerciante marítimo»;* Libro IV *«De la suspensión de pagos, quiebras y prescripciones»*.

Nuestro CCom se inspira en los principios liberales nacidos de la Revolución Francesa de 1789, y sigue el esquema y contenido del Código Napoleónico. Los redactores del mismo tradujeron en muchos casos el texto francés con lo que dejaron de lado principios y tradiciones propias del derecho español. Esto ha producido choques con la realidad de nuestras empresas, que han dado lugar a una continua renovación del CCom por vía de las disposiciones especiales.

Finalmente, en lo que a fuentes de donde emanan las reglas se refiere, es importante conocer en este punto lo que se conoce como Pirámide Kelseniana para entender la primacía de las disposiciones legales que nos rigen. Esta pirámide muestra gráficamente que la cúspide es la CE de 1978.

La Carta Magna (CE) es el texto aplicable a todos los españoles por encima de cualquier otro texto sin perjuicio de la normativa comunitaria (la constitución material de la UE) del Sistema Internacional de Derechos Humanos. A continuación, y a veces al mismo nivel están los tratados internacionales que España ha firmado junto con las Leyes Orgánicas (Electorales, DDFF, Defensa, del Poder Judicial...) o las ordinarias (Ley de lucha contra la morosidad en los contratos mercantiles). En otro nivel ya encontramos los reglamentos y Reales Decretos que desarrollan leyes o son leyes autonómicas o locales (ordenanzas municipales) que se aplican solo a los operadores del acto que se realice.

CAPÍTULO 2

EL EMPRESARIO Y LA EMPRESA

El profesor Garrigues, padre español de la doctrina mercantil moderna, decía que el *«Derecho Mercantil no es un derecho que es sino un derecho que está siendo»*, lo que alude a que el DM varía constantemente a medida que se producen cambios históricos, políticos, técnicos, innovaciones, movimientos culturales, fenómenos económicos, y no hay mejor forma de conocer estos que su reflejo en la empresa, mayor catalizador de la economía de un momento y de un espacio. Pues bien, en su interpretación deben tenerse en cuenta dichos factores de adaptación natural y conveniente. Las reformas se realizan o por publicación de normas *ex novo* o por interpretación según las características del momento y situación a la que se vaya a aplicar —recordamos que en el art. 3.1 del CCom se nos marca que la norma ha de interpretarse según el momento histórico-político en el que estamos viviendo—.

Así, los sujetos que operan en lo mercantil con carácter profesional han ido evolucionando pasando del comerciante tradicional al empresario, al cual podemos definir como la persona física (natural) o jurídica (ficción) titular (poseedor de derechos y obligaciones de la empresa) de una empresa (siendo autónomo o a través de una sociedad) que profesionalmente[14] y en nombre propio organiza una serie de elementos precisos para la producción de bienes y servicios para el mercado y la generación de rentas, recursos y riqueza pues

14 El concepto de *«profesionalmente»* de la definición aportada implica la constancia, la reiteración, la representación, la habitualidad, en resumen, todo aquello que a alguien le hace ser profesional, es ejercer su actividad con habitualidad y con proyección al exterior.

el ánimo de lucro le es fundamental. La RAE define al empresario como aquella «persona que por concesión o por contrata ejecuta una obra o explota un servicio público».

Decíamos que el empresario organiza una serie de elementos precisos, con esto nos referimos a que la empresa va a estar compuesta por los siguientes elementos; rentas, frutos, recursos humanos y materiales, gestión económico-financiera, legal, bienes inmuebles, bienes muebles, establecimiento, clientela... Cuando el empresario los organiza conforme a criterios económicos y de administración de empresas es cuando estos aumentan de valor comercial y mercantil. Dichos elementos serán destinados al mercado al convertirse en bienes y servicios[15].

Por otro lado, los empresarios pueden clasificarse según tamaño (de tipo grande, pequeño o mediano según capital y número de empleados), carácter (público o privado) y por su personalidad (física o jurídica). El empresario, como veremos en adelante, por iniciativa propia puede constituirse como sociedad adoptando una forma jurídica (un modelo, objeto de estudio del último bloque). El constituirse en sociedad reporta una serie de ventajas:

- Para reunir mayores capitales para que bajo la titularidad de una única persona poder tener una empresa o actividad empresarial.
- Posibilidad que ofrece el ordenamiento jurídico de distinguir patrimonios y personalidades. La sociedad mercantil utiliza a la persona jurídica que ofrece la ventaja de diferenciar los patrimonios y responsabilidades de la sociedad y del socio.
- El beneficio fiscal es una de las mayores ventajas en intereses fiscales como no pagar IVA. En un país crear sociedades mercantiles en un principio, es crear riqueza, dinamización de la economía, movimiento de capitales, mantener pensiones o creación de empleos.

15 Resulta llamativo que los ganaderos y los agricultores, dice la doctrina, tienen que estar fuera del CCom aludiendo a su exclusión del término comerciante aludiendo a la oferta-demanda o al tráfico mercantil. Se da a entender que lo principal para el ganadero o agricultor no es el mercado sino la naturaleza y el sector del agro que no se mueve por la oferta-demanda y que no traslada al mercado un riesgo con la suficiente entidad para considerarlo un empresario.

- Facilidad de transmisión de la empresa, o sea continuidad de la empresa *inter vivos o mortis causa*.

La diferencia entre el profesional liberal y el empresario es que el profesional liberal no puede transmitir su profesión en cambio la empresa (la actividad empresarial) es transmisible y tiende a desvincularse (sobre todo si tiene éxito) y a ser un centro autónomo de producción (otra forma de llamar a la empresa).

Por hacer una referencia a la cosa pública, reseñar que el Estado, a nivel nacional, autonómico, local o descentralizado puede operar como empresario en el mercado en compartimentos estancos por ser mercados primarios de necesidad social (aguas, loterías, apuestas, combustibles, eléctricas, comunicación, transportes, telefónicas...) o bien en empresas públicas o semipúblicas en mercados abiertos como lo son las empresas de limpieza, sociedades de comunicación, construcción, promoción, etc. La CE permite la planificación económica si bien nuestro ordenamiento establece que no será el enriquecimiento un objetivo del Estado cuando compita como agente operador en el mercado por lo que, por ejemplo, en Diputaciones Provinciales y Ayuntamientos, la Ley de Haciendas Locales establece que los Precios Públicos han de cubrir el coste del servicio solamente[16].

---

16 Harina del costal del Derecho Tributario sería el estudio jurídico del impuesto, un precio público y una tasa, si bien sí que podemos diferenciarlos:
Un impuesto es un tributo que los ciudadanos y empresas deben pagar al Estado sin recibir una contraprestación directa e inmediata y que es obligatorio y no voluntario. Su objetivo es financiar el gasto público general, redistribuir la riqueza y corregir externalidades económicas. Ejemplos: Impuesto sobre la Renta de las Personas Físicas (IRPF), Impuesto sobre el Valor Añadido (IVA), Impuesto sobre Sociedades.
En segundo lugar, una tasa es un tributo que se paga por la utilización o el aprovechamiento de un bien o servicio público o por la realización de una actividad administrativa que se beneficia de manera particular al contribuyente. Es obligatorio, pero se basa en la prestación de un servicio concreto o el uso de un bien específico. Hay una relación directa entre el pago y el servicio recibido. Su finalidad es cubrir los costos de los servicios específicos prestados por el Estado o una entidad pública. Ejemplos: Tasas judiciales, tasas por emisión de pasaportes, tasas de residuos urbanos.
Finalmente, un precio público es el importado que se paga por la prestación de un servicio o la entrega de un bien cuando se puede realizar en condiciones de mercado. No es obligatorio, ya que se basa en una

Por último, hablaremos de la empresa, a la cual definiremos brevemente como el conjunto de elementos que organiza el empresario que anteriormente hemos señalado. La tendencia natural de la empresa es la de ser permanente y centro de unidad de producción. Digamos que es equivalente a la actividad empresarial pues en la empresa se unen una serie de personas para conseguir un fin económico o productivo común donde las características esenciales son la especialización y la permanencia en el tiempo.

En segundo lugar, hablamos de responsabilidad (civil o penal) cuando nos referimos al alcance de las consecuencias de la actividad de la empresa. La responsabilidad penal de las personas jurídicas comienza en España a regularse en el Código Penal de 2015 y la civil es la respuesta económica con la que el empresario afronta sus decisiones, que serán los bienes y recursos con los que respondería un empresario en caso de que se le requieran por vía judicial o administrativa en atención a su actividad mercantil. Según el alcance de la responsabilidad, esta puede ser ilimitada o limitada. Si es ilimitada, responde de sus actos y de sus colaboradores cuando se desarrolle el ejercicio de la actividad empresarial, responde con sus bienes presentes y futuros y civiles y mercantiles sin ninguna distinción.

Sin embargo, si es limitada la extensión y alcance económico de la responsabilidad alcanza hasta el depósito inicial de capital social con que se constituye una sociedad, por lo que se añade en el nombre de la sociedad el SL o SRL que se refiere a lo limitado de la misma. Por ejemplo, la responsabilidad del empresario individualmente es ilimitada y objetiva normalmente. En el caso del empresario individual éste responde tanto con los bienes mercantiles como con los propios, no se distingue patrimonio y se responde con todo. En el supuesto de persona jurídica sólo existe patrimonio

relación contractual entre la administración y el usuario del servicio. Hay una contraprestación directa, ya que se paga por un servicio específico que se elige utilizar y su finalidad es la de cubrir los costos del servicio prestado, aunque también puede buscar obtener beneficios de forma muy excepcional. Ejemplos: Precio de entrada a museos, tarifas de uso de instalaciones deportivas públicas, matrículas de universidades públicas.

mercantil (la persona jurídica no posee bienes propios por incapacidad) y aquí también se responde con todo, que es el patrimonio mercantil[17].

En nuestro país, la mayoría de las empresas son pequeñas y medianas empresas (Pymes) y representan alrededor del 99 % del tejido empresarial. A efectos de sectorización, el sector servicios es dominante, incluyendo cultura, turismo, comercio, transporte y servicios profesionales. El sector secundario se sitúa a continuación con sectores industriales como la automoción, manufactura y la producción de alimentos y, a pesar de representar una menor parte del PIB, se sitúa el agro, que sigue siendo importante, especialmente en las regiones rurales.

Finalmente nos referiremos a la regulación de las empresas en España, la cual abarca una amplia variedad de áreas legales. En cuanto a fiscalidad:

- Impuesto de Sociedades: Grava los beneficios de las empresas con una tasa general es del 25 %, aunque hay tipos reducidos para Pymes y ciertos sectores.
- IVA (Impuesto sobre el Valor Añadido): Impuesto indirecto que grava las entregas de bienes y prestaciones de servicios realizados por empresarios y profesionales. Las tasas comunes son el 21 %, 10 % y 4 % que el empresario recauda y no paga, pero que requiere una gestión.
- Impuestos Locales: Incluyen el Impuesto sobre Bienes Inmuebles (IBI), el Impuesto sobre Actividades Económicas (IAE), y otros tributos municipales.

Si atendemos a la regulación laboral:

- Estatuto de los Trabajadores: Marco regulatorio principal de las relaciones laborales, establece derechos y deberes de trabajadores y empleados.
- Seguridad Social: Obligación de inscribir a los empleados en el sistema de Seguridad Social y realizar las correspondientes cotizaciones.

17 El empresario también responde de las actuaciones de sus colaboradores.

- Contratos de Trabajo: Regulación de diferentes tipos de contratos laborales (indefinidos, temporales, de formación, etc.).
- Salarios y Horarios: Establecimiento de salarios mínimos, jornadas laborales, horas extraordinarias y descansos.

En cuanto a Seguridad y Salud Laboral la Ley de Prevención de Riesgos Laborales, la cual establece la obligación de garantizar la seguridad y salud de los trabajadores mediante la evaluación de riesgos y la adopción de medidas preventivas.

Cada vez es más férrea la protección de la parte debilitada de la relación mercantil que es el cliente o el consumidor por lo que hemos de hacer referencia a la Ley General para la Defensa de los Consumidores y Usuarios que regula los derechos de los consumidores y las obligaciones de los proveedores de bienes y servicios, todas ellas sin perjuicio de los Reglamentos y Directivas de la UE que sean de aplicación a la materia.

CAPÍTULO 3

EL REGISTRO MERCANTIL

Cuando hablamos de estatuto comercial nos referimos al conjunto de premisas y pautas que significa el ser empresario, en este caso director o gestor cultural. Una de las obligaciones a las que nos referimos, por ejemplo, de todo empresario es, según el art. 25 CCom, la llevanza de una contabilidad ordenada y que sea fiel representación del patrimonio de la empresa, por ello decimos que una de las obligaciones de las sociedades es publicitar su situación y datos societarios[18]. A continuación, algunos elementos que dan contenido al concepto:

- El RM es un registro público, porque todos podemos acceder a él y de personas, porque lo inscrito aquí son sujetos y lo relacionado con ellos. Es un registro de personas no de cosas (buques, aeronaves, etc...).
- La inscripción es un derecho, pero en algunos casos no es obligatoria (facultad potestativa) como en el del empresario individual.
- El RM posee dos fuentes, una es el CCom de 1885 y la otra el Reglamento del Registro Mercantil de 1996.
- El art. 1 del Reglamento del Registro Mercantil explica la organización de dicho organismo.

18 La publicidad es uno de los principios constitucionales que otorgan seguridad jurídica a los actos y a los bienes. En el caso de las empresas españolas, el órgano encargado de llevar a cabo esta labor de publicidad es el RM.

- El RM depende del Ministerio de Justicia y de la Dirección General de Seguridad Jurídica y Fé Pública, antigua Dirección de Registros y del Notariado.
- Existe un RMC y en cada capital de provincia un RMT.

Por otro lado, la eficacia con la publicación en el RM constituye el segundo elemento que lo fundamenta. Por un lado, encontramos la eficacia declarativa que es el efecto principal. El Registro Mercantil declara los sujetos aquí inscritos y lo inscrito sobre ellos. Según el art. 20 CCom el contenido del Registro se presume válido y exacto, por ello posee otra eficacia denominada eficacia legitimadora.

En caso de diferencia entre lo inscrito en el RM y lo publicado en el BORME si a los terceros afectados les conviene o interesa podrán invocar lo publicado en el BORME. Existe un plazo de 15 días para oponer (hacer valer) a los terceros lo publicado en el BORME, o lo que es lo mismo, no será oponible lo inscrito entre los 15 días siguientes a la inscripción siempre que el tercero pruebe que lo desconocía (el derecho lo protege sólo dentro de los 15 días desde su publicación en el BORME).

En tercer lugar, nos referiremos a la eficacia constitutiva. No alude simplemente a la mera eficacia declarativa. En algunos casos sin inscripción no hay constitución, es decir, algunos tipos mercantiles tienen que inscribirse en el RM para que se constituyan, en estos casos la inscripción no es opcional si no obligatoria, como es el caso de la SA y la SL. La SA y la SL son sociedades mercantiles por la forma, si no están inscritas en el RM no están constituidas, por lo que es preceptivo que se inscriban. El empresario individual no tiene la obligación de inscribirse. El cooperativista tampoco, pero tiene la obligación de inscribir créditos o seguros de forma potestativa.

Finalmente, hemos de referirnos a la operatividad del RM a través de sus funciones. La publicidad es la función principal es la de dar publicidad de los sujetos inscritos y sus actos. Los empresarios individuales no es necesario que se inscriban, pero hay una excepción que es el empresario naviero. Las sociedades anónimas hasta que no estén inscritas en el RM no se las puede llamar anónimas. En todo caso, impera el principio de tracto sucesivo.

Además de ello, el RM también cumple una función de legalidad, consistente en la legalización de los libros de los empresarios, pero también puede hacer el nombramiento de expertos independientes (por ejemplo, en el caso de valoraciones no dinerarias, auditorias, etc.) y se encarga del depósito y publicidad de las cuentas anuales de las sociedades de capital y de los grupos de sociedades.

Estas funciones son propias de los RMT. El RMC sólo informa de la ubicación de los empresarios y ordena, pública e informa los datos de otros registros. El RMC no informa de contenidos, sólo ordena, publica los datos en el BORME e informa de otros registros, es decir, que no se inscriban bajo el mismo nombre varios empresarios, de este modo se busca evitar la confusión y duplicidades. Sin embargo, el RMT expide el contenido que está inscrito en su zona territorial.

PARTE II

DERECHO DE LAS ICC

Esta especialidad del derecho es la disciplina que estudia el conjunto de normas que rigen la actividad profesional que desarrollan los gestores y directores culturales y creativos en su actividad profesional y de los que trabajan y operan en el fenómeno de la cultura. En este sentido, desgranaremos el marco jurídico que lo regula, la organización pública que estructura y administra la cultura en España, la principal legislación aprobada para cada industria y finalmente la legislación internacional sobre cultura.

Pero para determinar el derecho de las ICC es necesario que recordemos que este es un concepto doble que incluye las «industrias culturales»[19] nacidas en Europa en las postrimerías del s. XX con un tono inicialmente estigmático o negativo y el concepto de «industrias creativas», ya absolutamente positivo, popularizado por el gobierno británico bajo la administración de Tony Blair como aquellas que tienen su origen en la creatividad individual, habilidad y talento, y que tienen el potencial de crear riqueza y empleo a través de la generación y explotación de propiedad intelectual. Esta definición incluye sectores como la publicidad, el diseño, el cine, la música, los videojuegos y las artes visuales que son las que pasamos a estudiar centralizadamente en España, si bien las normativas internas son las competentes soberanas en sus Estados a pesar de que cada vez influye más el contexto europeo en determinadas regulaciones en Estados miembros de la UE.

---

19 Introducido por Adorno y Horkheimer, de la Escuela de Frankfurt, en su obra *Dialéctica de la Ilustración* (1944) donde criticaban la estandarización y comercialización de la cultura bajo el capitalismo, argumentando que las industrias culturales convertían la cultura en mercancía y que una vez asimilado pasó a ser una realidad que había que regular.

CAPÍTULO 4

MARCO JURÍDICO GENERAL DEL DERECHO A LA CULTURA

El marco jurídico aplicable a los profesionales de la cultura y al objeto que supongo un bien cultural se le aplicará todo lo previsto al respecto por la CE a nivel nacional, una serie de textos internacionales y otros comunitarios que procedemos a estudiar a continuación.

4.1. Constitucional

En el inicio de la CE, su Preámbulo dice que *«La Nación española proclama su voluntad de proteger a todos los españoles y pueblos de España en el ejercicio de sus culturas y tradiciones y de promover el progreso de la cultura».* Con esto se avecina una auténtica recopilación de normas que ordenan y protegen la cultura en esta norma superior que vamos a estudiar:

La Carta Magna, posee una sección dedicada a los principios rectores de la política social y económica y ahí es donde reside el precepto constitucional básico que todos los profesionales dedicados a las ICC deben conocer, el art. 44 CE que dispone que *«1. Los poderes públicos promoverán y tutelarán el acceso a la cultura, a la que todos tienen derecho. 2. Los poderes públicos promoverán la ciencia y la investigación científica y técnica en beneficio del interés general».*

Este precepto contiene dos elementos a tener en cuenta que no son menores: el derecho a la cultura y por otro lado las obligaciones para los poderes públicos de promover y tutelar el acceso a la cultura y promover la ciencia y la investigación científica y técnica en beneficio del interés general.

En este artículo hay, pues, algo más que el reconocimiento del principio de libertad cultural, ya que conlleva la exigencia de una actividad pública en orden al desarrollo cultural. A continuación, se enumeran el resto de las normas constitucionales que nos son de aplicación de forma especial a los gestores y directores creativos:

- Art. 9.2 CE «*Corresponde a los poderes públicos promover las condiciones para que la libertad y la igualdad del individuo y de los grupos en que se integra sean reales y efectivas; remover los obstáculos que impidan o dificulten su plenitud y facilitar la participación de todos los ciudadanos en la vida política, económica, cultural y social*».

- Art. 46 CE «*Los poderes públicos garantizarán la conservación y promoverán el enriquecimiento del patrimonio histórico, cultural y artístico de los pueblos de España y de los bienes que lo integran, cualquiera que sea su régimen jurídico y su titularidad. La ley penal sancionará los atentados contra este patrimonio*».

- Art. 48 CE «*Los poderes públicos promoverán las condiciones para la participación libre y eficaz de la juventud en el desarrollo político, social, económico y cultural*».

- Art 50 CE «*Los poderes públicos garantizarán, mediante pensiones adecuadas y periódicamente actualizadas, la suficiencia económica a los ciudadanos durante la tercera edad. Asimismo, y con independencia de las obligaciones familiares, promoverán su bienestar mediante un sistema de servicios sociales que atenderán sus problemas específicos de salud, vivienda, cultura y ocio*».

- Art. 53.3 CE «*El reconocimiento, el respeto y la protección de los principios reconocidos en el Capítulo tercero informarán la legislación positiva, la práctica judicial y la actuación de los poderes públicos. Sólo podrán ser alegados ante la Jurisdicción ordinaria de acuerdo con lo que dispongan las leyes que los desarrollen*».

- Art. 148.1 CE. De las competencias de las CC. AA.:

> «-14.ª CE. La artesanía.
>
> -15.ª Museos, bibliotecas y conservatorios de música de interés para la CCAA.
>
> -16.ª Patrimonio monumental de interés de la CCAA.
>
> -17.ª El fomento de la cultura, de la investigación y, en su caso, de la enseñanza de la lengua de la CCAA».

- Art. 149.1 CE Competencias exclusivas del Estado:

«-9.º Legislación sobre PI...
-18.ª, fomento de la cultura
-Art. 28.ª Defensa del patrimonio cultural, artístico y monumental español contra la exportación y la expoliación; museos, bibliotecas y archivos de titularidad estatal, sin perjuicio de su gestión por parte de las CCAA».

- Art. 149.2 CE «Sin perjuicio de las competencias que podrán asumir las CCAA, el Estado considerará el servicio de la cultura como deber y atribución esencial y facilitará la comunicación cultural entre las CCAA», además la STC 49/1984, de 5 de abril, reza *«la cultura es algo de la competencia propia e institucional tanto del Estado como de las CCAA»*.
- Principio del formulario
- Final del formulario

4.2. Internacional

En este plano acometeremos lo propio al respecto del marco jurídico cultural básico a nivel internacional, que no hemos de confundir con la legislación concreta aplicable que es más determinada y que estudiaremos al final del presente bloque.

Lo más reseñable en los textos internacionales son la DUDH de 1948 (art. 22[20] y 27) y el PIDESC de 1966. Destaca el art. 15.a) PIDESC que reconoce el derecho de toda persona a participar en la vida cultural. En la DUDH y en el PIDESC, se afirma que no puede realizarse el ideal del ser humano libre y liberado del temor y la miseria a menos que se creen condiciones que permitan a cada persona disfrutar de sus derechos civiles, culturales, económicos, políticos y sociales.

Asimismo, en la Conferencia Mundial de Derechos, en la Declaración y el Programa de Acción de Viena aprobados

20 *«Toda persona, como miembro de la sociedad, tiene derecho a la seguridad social, y a obtener, mediante el esfuerzo nacional y la cooperación internacional, habida cuenta de la organización y los recursos de cada Estado, la satisfacción de los derechos económicos, sociales y culturales, indispensables a su dignidad y al libre desarrollo de su personalidad».*

en 1993, se reafirmó que todos los derechos humanos son universales, indivisibles e interdependientes y están relacionados entre sí, y que la comunidad internacional debe tratar los derechos humanos en forma global y de manera justa y equitativa, en pie de igualdad y dándoles a todos el mismo peso.

Como afirmó la Conferencia Mundial de Derechos Humanos de 1993, conforme a la DUDH, *«la indivisibilidad e interdependencia de los derechos civiles y políticos y de los derechos económicos, sociales y culturales son principios fundamentales de la legislación internacional de derechos humanos»*. Así pues, lo que debe plantearse, no es sólo si los derechos Económicos Sociales y Culturales son derechos humanos básicos, sino a qué derecho importan y qué carácter jurídico tienen las obligaciones de los Estados de hacerlos efectivos.

Asimismo, los DDFF gozan de una serie de garantías jurisdiccionales exorbitantes de la protección que el ordenamiento jurídico dispensa a los derechos que no tienen esta consideración: son susceptibles de amparo constitucional y se afirman como valores y fines primarios del Estado, que deben orientar la actuación de todos los poderes públicos.

Igualmente, la figura del Defensor del Pueblo, configurado como Alto Comisionado de las Cortes Generales encargado de defender los DDFF y las libertades públicas de los ciudadanos mediante la supervisión de la actividad de las administraciones públicas, constituye otra garantía que sólo opera en relación con estos derechos y su posible lesión por los poderes públicos.

A nivel internacional también destaca un texto declarativo imprescindible en el marco jurídico básico del profesional cultural: la Declaración Universal de la UNESCO sobre la Diversidad Cultural, adoptado por la Conferencia General de la UNESCO el 2 de noviembre de 2001. La Declaración, reafirmando los derechos humanos y libertades fundamentales de la DUDH, y afirmando el respeto de la diversidad de las culturas. Esta Declaración fue seguida por la Convención sobre la Protección y Promoción de la Diversidad de las Expresiones Culturales de la UNESCO que fue adoptada el 20 de octubre 2005.

A continuación, hemos de estudiar los derechos culturales que poseen todas las personas emanado de otro texto: la Declaración de Friburgo sobre Derechos Culturales de

2007[21]. La Declaración se basa en la DUDH de tal forma que los derechos culturales son parte de los derechos humanos.

La Declaración de Friburgo se define como uno de los instrumentos esenciales para los derechos culturales que reúne y hace explícitos estos derechos que ya están incorporados de forma dispersa en numerosos instrumentos internacionales. En esta declaración vamos a diferenciar en secciones, de las cuales nosotros vamos a estudiar la que se enumera a continuación. En primer lugar, observamos la alusión a los derechos de toda persona, individual o colectivamente, a la que se otorgan el derecho a:

- A elegir y a que se respete su identidad cultural, en la diversidad de sus modos de expresión. Este derecho se ejerce, en especial, en conexión con la libertad de pensamiento, conciencia, religión, opinión y de expresión.
- A conocer y a que se respete su propia cultura, como también las culturas que, en su diversidad, constituyen el patrimonio común de la humanidad. Esto implica particularmente el derecho a conocer los derechos humanos y las libertades fundamentales, valores esenciales de ese patrimonio.
- A acceder, en particular a través del ejercicio de los derechos a la educación y a la información, a los patrimonios culturales que constituyen expresiones de las diferentes culturas, así como recursos para las generaciones presentes y futuras.
- Toda persona (colectivamente) tiene la libertad de elegir identificarse, o no, con una o varias comunidades culturales, sin consideración de fronteras, y de modificar esta elección.
- Nadie (colectivamente) puede ser obligado a identificarse o ser asimilado a una comunidad cultural contra su voluntad.

Los derechos de participación cultural se refieren a que toda persona, individual y colectivamente, tiene el derecho de acceder y participar libremente, sin consideración de fronteras, en la vida cultural a través de las actividades que libremente elija. Este derecho comprende en particular:

21 Disponible en: http://www.culturalrights.net/descargas/drets_culturals239.pdf (Consultado el 12/11/2018).

- La libertad de expresarse, en público o en privado, en el o los idiomas de su elección.
- La libertad de ejercer, de acuerdo con los derechos reconocidos en la presente Declaración, las propias prácticas culturales, y de seguir un modo de vida asociado a la valorización de sus recursos culturales, en particular en lo que atañe a la utilización, la producción y la difusión de bienes y servicios.
- La libertad de desarrollar y compartir conocimientos, expresiones culturales, emprender investigaciones y participar en las diferentes formas de creación y sus beneficios.
- El derecho a la protección de los intereses morales y materiales relacionados con las obras que sean fruto de su actividad cultural.

En el marco general del derecho a la educación y a la formación como otro inciso de la Declaración de Friburgo, encontramos la consagración de que toda persona, individual o colectivamente, tiene derecho, a lo largo de su existencia, a una educación y a una formación que, respondiendo a las necesidades educativas fundamentales, contribuyan al libre y pleno desarrollo de su identidad cultural, siempre que se respeten los derechos de los demás y la diversidad cultural. Este derecho comprende en particular:

- El conocimiento y el aprendizaje de los derechos humanos.
- La libertad de dar y recibir una enseñanza en su idioma y en otros idiomas, al igual que del saber relacionado con su cultura y sobre las otras culturas.
- La libertad de los padres de asegurar la educación moral y religiosa de sus hijos, de acuerdo con sus propias convicciones, siempre que se respeten la libertad de pensamiento, conciencia y religión reconocidas al niño, en la medida de la evolución de sus facultades.
- La libertad de crear, dirigir y de acceder a instituciones educativas distintas de las públicas, siempre que éstas respeten las normas y principios internacionales fundamentales en materia de educación y las reglas mínimas prescritas por el Estado en materia de educación reconocidas internacionalmente y prescritas en el marco nacional.

En tercer lugar, en el marco general del derecho a la libertad de expresión, que incluye la expresión artística, la libertad de opinión e información, y el respeto a la diversidad cultural, toda persona, individual o colectivamente, tiene derecho a recibir una información libre y pluralista, que contribuya al desarrollo pleno libre y completo de su identidad cultural en el respeto de los derechos del otro y de la diversidad cultural; este derecho, que se ejerce sin consideración de fronteras, comprende en particular:

- La libertad de buscar, recibir y transmitir información.
- El derecho de participar en la información pluralista, en el o los idiomas de su elección, a contribuir a su producción o a su difusión a través de todas las tecnologías de la información y de la comunicación.
- El derecho de responder y, en su caso, de obtener la rectificación de las informaciones erróneas acerca de las culturas.

Finalmente, y, en cuarto lugar, hallamos el inciso de cooperación cultural en la Declaración. Hasta la redacción final de esta Declaración se venía agrupando los derechos culturales reconocidos en los diversos instrumentos internacionales en: Derechos reconocidos como derechos culturales, derechos a quienes se dedican al ámbito de la cultura y derechos civiles y políticos en su dimensión cultural:

- Dentro de los derechos reconocidos como derechos culturales por los instrumentos internacionales, figuran los siguientes: el derecho a participar en la vida cultural de la comunidad y la protección de la PI sobre las creaciones y los derechos de autor (reconocidos en el art. 27 DUDH y en el art. 15 del PIDESC), el derecho a la educación (art. 26 de la DUDH y los arts. 13 y 14 del PIDESC) y las libertades lingüísticas reconocidas a las personas pertenecientes a las minorías (art. 27 PIDCP).
- Dentro de los derechos reconocidos a los profesionales de la cultura, figuran las libertades académicas, los derechos de los docentes e informadores.
- La dimensión cultural de los derechos civiles obliga a enunciar, entre otros, el derecho a la dignidad y a la no discriminación, las libertades de pensamiento, de conciencia y de religión, las libertades de opinión, de expresión y de asociación.

4.3. En el ámbito europeo

En la esfera comunitaria encontramos el importante art. 3.3 del Tratado de la UE que establece que la UE respetará la riqueza de su diversidad cultural y lingüística y velará por la conservación y el desarrollo del patrimonio cultural europeo. Por su parte, el Título XIII TFUE, que lleva por rúbrica *«cultura»,* prevé en su art. 167 la contribución de la UE al florecimiento de las culturas de los Estados miembros, dentro del respeto de su diversidad nacional y regional, poniendo de relieve al mismo tiempo el patrimonio cultural común.

Un texto jurídico de gran relevancia también es la Carta de DDFF de la UE, resultante de los trabajos de la Convención europea desarrollada entre el 26 de febrero de 2002 y el 8 de julio de 2003, que hace referencia a derechos tan arraigados como los vinculados a las artes, ya sean derechos o libertades; a la libertad de pensamiento, de conciencia y de religión (II70), al derecho a la educación (II-74), a la dignidad humana (II-61), a la libertad de expresión (II-71), etc.

La Carta, en otro plano, impone a la Unión la protección de la diversidad cultural, religiosa y lingüística (II-82), novedad que, por su conexión con los derechos culturales, ha de ser destacada especialmente. Si la UE se compromete a proteger la diversidad cultural tal previsión ha de entenderse, al amparo de los textos internacionales y, en especial, de la Declaración de la UNESCO sobre la Diversidad Cultural y el Convenio protector de las Expresiones Culturales de 2005, como la asunción de la obligación de proteger los derechos culturales dentro de la UE, siendo los derechos humanos los garantes de la diversidad cultural misma.

CAPÍTULO 5

LA ADMINISTRACIÓN PÚBLICA DEL SECTOR

En este tema ocuparemos lo que se refiere al conjunto de administraciones estatales con competencias en asuntos culturales. Estos organismos serán la mano pública esencial en que se organiza en España la cultura y son los entes con los que tendrá que interactuar con frecuencia el gestor o director cultural o creativo.

Uno de los elementos claves en la acción política, y en especial en las políticas públicas, es el territorio, que determina el espacio donde desarrollamos nuestra acción. Espacio, que puede ser geográfico, político, cultural o económico, pero que nosotros centraremos en este apartado como espacio político y administrativo, y que entenderemos en el marco de una regulación legal que determina el tamaño, las competencias, las relaciones con otros espacios, etc. Cuando nos acercamos al territorio político administrativo, en el caso español, nos encontramos hasta cinco niveles de gobierno o administración:

- A nivel de corporación local, el ayuntamiento o entidad local correspondiente.
- A nivel provincial, la Diputación, Cabildo o el Consejo.
- A nivel regional, la región, principado o administración autonómica como CC. AA.
- A nivel estatal, el Estado o AGE.
- A nivel comunitario, la administración de las instituciones de la UE.

Ello es posible, porque al mismo tiempo que España se constituye en un modelo descentralizado, también pertenecemos a una organización regional interestatal que supone un gobierno a nivel europeo. Encontramos, por tanto, en el modelo español tanto una cesión de soberanía en favor de una entidad supraestatal, como la cesión de poder político a entidades regionales y locales. Este entramado de diferentes niveles administrativos determina muy especialmente las políticas públicas, y en especial las culturales.

En cada uno de estos espacios políticos administrativos encontramos diferentes normativas y regulaciones que afectan a los niveles inferiores, y que tendremos tener en cuenta en el desarrollo de nuestro trabajo para adecuar tanto nuestros esfuerzos y recursos a esos diferentes espacios. Podemos empezar por analizar el marco jurídico que regula las competencias de las diferentes administraciones y el papel de éstas en los diferentes espacios políticos administrativos[22].

Como hemos comentado, el primer nivel de gobierno que encontramos es el de la administración local o ayuntamiento. En España se considera también administración local a las diputaciones provinciales, pero en este análisis que vamos a realizar son consideradas el segundo nivel de gobierno y nos viene bien diferenciarla en la medida que nos permite analizar las distintas competencias y las posibles vías de cooperación administrativa entre ayuntamientos y diputaciones.

Debemos ser conscientes que los gobiernos locales han transformado su papel en los últimos 30 años, fundamentalmente a causa de los cambios producidos en el marco constitucional y las leyes que lo han desarrollado, en el sistema económico globalizado y en las reformas del Estado del Bienestar que se han venido produciendo con las sucesivas crisis económicas y las nuevas orientaciones de organismos económicos internacionales como el FMI, la OCDE y el Banco Mundial entre otros. Tampoco podemos olvidar que estas administraciones públicas son las más cercanas a los ciudadanos, y donde el ciudadano encuentra la forma más directa de participación en la vida política.

22 El objetivo de este apartado es doble, por un lado, identificar las diferentes competencias de los diferentes niveles administrativos y, por otro, señalar algunos caminos que nos deben permitir descubrir vías de cooperación entre todas las administraciones públicas que pueda incidir positivamente en el desarrollo de políticas públicas culturales más cercanas a los ciudadanos.

Estas reformas del Estado del Bienestar han tenido dos ciclos importantes, uno primero de crecimiento, con un incremento de la actividad, que supuso un aumento de los servicios públicos dirigidos a los ciudadanos, y, otro de crisis, que ha supuesto un deterioro de la parte que las administraciones locales realizaban del Estado del Bienestar. Esta situación de crisis, con una disminución importante de los ingresos municipales, una eliminación de servicios dirigidos a los ciudadanos, quiebra económica de algunos municipios, etc., ha provocado que se ponga en crisis el modelo actual de descentralización administrativa.

En esta línea, se ha aprobado en el Parlamento Español un cambio en la legislación estatal en materia de administración local con la aprobación de la Ley 27/2013, de 27 de diciembre, de racionalización y sostenibilidad de la Administración Local, que como nos cuenta el legislador en el Preámbulo, tiene como objetivo el de realizar una revisión profunda del conjunto de disposiciones de la normativa en esta materia, teniendo en cuenta que han *«transcurridos casi treinta años desde la entrada en vigor de la Ley 7/1985, de 2 de abril, reguladora de las Bases del Régimen Local, y con más de una veintena de modificaciones de su texto original»*.

Esta Ley supone la modificación de determinados artículos de la Ley 7/1985, de 2 de abril, reguladora de las Bases del Régimen Local, que de acuerdo con el texto del Preámbulo persigue cuatro grandes objetivos: *«clarificar las competencias municipales para evitar duplicidades con las competencias de otras Administraciones de forma que se haga efectivo el principio «una Administración una competencia», racionalizar la estructura organizativa de la Administración local de acuerdo con los principios de eficiencia, estabilidad y sostenibilidad financiera, garantizar un control financiero y presupuestario más riguroso y favorecer la iniciativa económica privada evitando intervenciones administrativas desproporcionadas»*.

Hasta la aprobación de la nueva legislación, la ley vigente en materia de administración local es la Ley 7/1985, de 2 de abril, de Bases del Régimen Local, que venía a establecer el marco de funcionamiento de este tipo de administraciones, su funcionamiento, competencias, estructuras y financiación. En la línea de lo que estamos hablando es bueno comparar la distribución del gasto público entre las distintas administraciones, para hacernos una idea de las funciones y tareas más importantes de los ayuntamientos españoles.

El segundo nivel que encontramos de gobierno son los gobiernos locales intermedios, que en España recibe el nombre de diputaciones provinciales, cabildos, etc., que están presentes en todas las provincias españolas, menos en aquellas que son uniprovinciales (Madrid, Murcia, etc.) donde la CC. AA. las ha absorbido asumiendo sus competencias y funciones. En el debate político sobre las administraciones públicas, éstas son las instituciones más cuestionadas. En resumen, sus competencias más importantes son la coordinación de los servicios municipales para su más adecuada prestación, la asistencia jurídica, económica y técnica a los municipios, la prestación de servicios públicos de carácter supramunicipal y la cooperación al fomento de todo el territorio provincial.

En el marco de la nueva legislación que se ha aprobado en el Parlamento, se les asigna a las Diputaciones Provinciales algunas funciones más de control de los ayuntamientos, *«... esto se lleva a cabo mediante la coordinación por las Diputaciones de determinados servicios mínimos en los municipios con población inferior a 20.000 habitantes o la atribución a éstas de nuevas funciones como la prestación de servicios de recaudación tributaria, administración electrónica o contratación centralizada en los municipios con población inferior a 20.000 habitantes, su participación activa en la elaboración y seguimiento en los planes económico-financieros o las labores de coordinación y supervisión, en colaboración con las CCAA, de los procesos de fusión de Municipios...»* . Como vemos, tanto en la legislación anterior como en la actual, las Diputaciones provinciales realizan sus competencias en función del tamaño de los municipios, siendo éstas más de cooperación y asistencia en los municipios más pequeños, y menos importante las acciones dirigidas a los municipios medianos y grandes que suelen contar con estructura propia para realizar muchas de sus funciones y competencias.

Por otro lado, las transferencias a las CC. AA. por el Estado, ha provocado que en muchas materias, la relación sea de éstas directamente con los Ayuntamientos, diferentes programas de ayudas, inversiones públicas, etc.; y sólo en contados casos se ha estructurado esa cooperación con la participación de las Diputaciones Provinciales, aunque la legislación anterior y la nueva obligaba que las acciones en municipios menores de 20.000 habitantes se deberían coordinar con las Diputaciones Provinciales.

También encontramos aquí posturas diferentes, unos, entienden que las Diputaciones Provinciales deben desaparecer, y lo justifican en diferentes razones: unas políticas, son instituciones de elección indirecta, más políticas que técnicas; en razones económicas, suponen un gasto que no redundan en beneficio de los ayuntamientos y lo que habría que reforzar es la financiación de los Ayuntamientos, que habría que buscar otra forma de cooperación entre ayuntamientos en función de la cercanía y, correspondiendo a las Delegaciones Provinciales de las CC. AA. la asistencia a los municipios más pequeños; otros por el contrario, piensan que se debe reforzar esta administración provincial mediante la delegación de competencias por las CC. AA., reforzando su papel de coordinación y asistencia, aumentando su financiación para atender estas funciones.

En el nivel 3 encontramos a las administraciones regionales, que, en función de los Estatutos de Autonomía de cada una de ellas, pueden tener competencias exclusivas en muchas materias, que han desarrollado a través de Leyes. En el desarrollo reglamentario de éstas, veremos cómo se establece un marco regulado donde encontraremos referencia a las funciones y compromisos que tiene que asumir las administraciones inferiores, tanto provinciales como locales (podemos analizar la legislación autonómica en materia de archivos, bibliotecas y museos para ver este aspecto).

En cuanto al nivel 4, la AGE, vemos como sus decisiones recogidas en el régimen jurídico estatal tiene consecuencias directas sobre el resto de las Administraciones del Sector Público, esto lo hemos visto con más claridad en las medidas que con motivo de la crisis han llevado a la modificación de leyes en materia económica, laboral, de pensiones, presupuestarias, de gasto, etc. En otro aspecto, es importante conocer la legislación estatal, así como los diferentes programas de ayudas que tiene establecidos en diferentes materias y que pueden ser muy útiles para desarrollar nuestro trabajo en ámbitos territoriales menores.

Por último, encontramos la UE, que en la medida que la legislación europea puede llegar a modificar tanto la legislación estatal, como la autonómica, como la normativa local, supone un elemento importante en la relación entre los diferentes niveles administrativos. En este sentido la Estrategia Territorial Europea, que tiene el objetivo de conseguir un desarrollo equilibrado y sostenible del territorio de la UE, con la intención de asegurar que los tres siguientes objetivos fundamentales de la política europea se alcancen por igual en todas las regiones de la UE: cohesión económica y social; conservación y gestión de los recursos naturales y del patrimonio cultural; y finalmente la competitividad más equilibrada del territorio europeo.

En materia de cooperación interterritorial, la UE tiene en funcionamiento desde hace muchos años diferentes programas de ayudas y de iniciativas con el objetivo de potenciar la cooperación entre los diferentes territorios, agentes sociales, entidades públicas o privadas y que han servido para poner en marcha muchos programas culturales en cooperación con otros territorios europeos.

CAPÍTULO 6

LEGISLACIÓN ESPECIALIZADA DE LAS ICC

En este tema desarrollaremos las principales disposiciones normativas que regulan las industrias creativas a nivel estatal y las cuestiones necesarias para conocer su contenido general. Si bien nos centraremos selectivamente en ciertas cuestiones de cada ley, se recomienda la lectura comprensiva de todas. A continuación, se enumeran la legislación de cada sector:

A. **Patrimonio histórico:**

- Ley 16/1985, de 25 de junio, del Patrimonio Histórico Español.
- Ley 23/1982, de 16 de junio, reguladora del Patrimonio Nacional.
- Real Decreto 111/1986, de 10 de enero, de desarrollo parcial de la Ley 16/1995, de 25 de junio, del patrimonio histórico artístico español.

B. **Libros y bibliotecas:**

- Ley 10/2007, de 22 junio, de la lectura, del libro y de las bibliotecas
- Ley 23/2011, de 29 de julio, de depósito legal.
- Real Decreto 582/1989, de 19 de mayo, por el que se aprueba el Reglamento de Bibliotecas Públicas del Estado y del Sistema Español de Bibliotecas

- Real Decreto 1572/2007, de 30 de noviembre, por el que se regulan los órganos de coordinación de las bibliotecas de la AGE y de sus organismos públicos.
- Real Decreto 1573/2007, de 30 de noviembre, por el que se aprueba el Reglamento del Consejo de Cooperación Bibliotecaria.
- Real Decreto 1574/2007, de 30 de noviembre, por el que se regula el Observatorio de la Lectura y el Libro.
- Real Decreto 2063/2008, de 12 de diciembre, por el que se desarrolla la Ley 10/2007, de 22 de junio, de la Lectura, del Libro y de las Bibliotecas en lo relativo al ISBN.
- Real Decreto 1638/2009, de 30 de octubre, por el que se aprueba el Estatuto de la BNE.

C. Museos:

- Real Decreto 620/1987, de 10 de abril, Sistema Español de Museos.
- Real Decreto 1305/2009, de 31 de julio, por el que se crea la Red de Museos de España.

D. Archivos:

- Real Decreto 1708/2011, de 18 de noviembre, por el que se establece el Sistema Español de Archivos y se regula el Sistema de Archivos de la AGE y de sus Organismos Públicos y su régimen de acceso.
- Real Decreto 1164/2002, de 8 de noviembre, por el que se regula la conservación del patrimonio documental con valor histórico, el control de la eliminación de otros documentos de la AGE y sus organismos públicos y la conservación de documentos administrativos en soporte distinto al original.

E. Cine y audiovisual:

- Ley 55/2007, de 28 de diciembre, del Cine.
- Ley 7/2010, de 31 de marzo, General de la Comunicación Audiovisual.

6.1. Legislación competencial española en materia de cultura

Al tratase la cultura de una materia de competencia compartida por el Estado y las CC. AA., el ordenamiento español en materia de cultura se desglosa en los niveles estatal y autonómico. Asimismo, en cada nivel territorial, el ordenamiento cultural se encuentra fraccionado en diversos sectores, destacando por su tradición y fuerza expansiva la legislación sobre patrimonio cultural, a la cual sólo recientemente se han sumado otros sectores como el del libro o el cine.

La CE predetermina la distribución de competencias que ya estudiamos en el anterior bloque. A partir de estos preceptos constitucionales (art. 148 y 149 CE), la distribución competencial ha obedecido a dos lógicas:

- Museos, bibliotecas y archivos. En relación con estas instituciones culturales clásicas corresponde al Estado la competencia exclusiva (legislación y gestión) sobre los de titularidad estatal, sin perjuicio de que pueda acordar la gestión de algunas instituciones de su titularidad con las CC. AA. donde se ubiquen, correspondiendo en todo caso la competencia normativa exclusivamente al Estado (SSTC 103/1988, 38/2013). Por su parte, corresponde a las CC. AA. la competencia plena (legislación y gestión) sobre todos los museos, bibliotecas y archivos que no sean de titularidad estatal (es decir, los de titularidad autonómica, local y privada).
- Patrimonio histórico o cultural. Corresponde al Estado una competencia normativa básica limitada a la defensa contra la exportación y expoliación de los bienes integrantes del mismo, y ello independientemente de su titularidad, sea pública, estatal, autonómica o local. Por su parte, las CC. AA. ostentan una competencia de desarrollo legislativo de esas bases.

En materia cultural es destacada la acción autonómica es algo inherente a la región (art. 2 CE) que a su vez al Estado compete también una competencia que tendrá, ante todo, un área de preferente atención en la preservación del patrimonio cultural común, pero también en aquello que precise de tratamientos generales o que hagan menester esa acción pública cuando los bienes culturales pudieran no lograrse desde otras instancias, es algo que está en la línea de la proclamación que se hace en el indicado precepto constitucional (STC 89/2012).

En definitiva, el Estado por la vía del art. 149.2 CE puede establecer acciones de fomento en materias culturales, bien de manera especialmente intensa en relación con aquellas cuestiones que requieran de tratamientos generales o que exijan de una acción pública supraordenada a la de una o varias CC. AA. Tras la reforma de la Ley Básica de Régimen Local de 1985 efectuada por la Ley 27/2013, de 27 de diciembre, de racionalización y sostenibilidad de la Administración Local, las competencias locales en materia de cultura quedan como sigue:

- Competencias municipales propias (art. 25). El Municipio ejercerá en todo caso como competencias propias, en los términos de la legislación del Estado y de las CC. AA., en las siguientes materias: Protección y gestión del Patrimonio histórico; m) Promoción de la cultura y equipamientos culturales.
- Servicios municipales obligatorios (art. 26). Los Municipios por sí o asociados deberán prestar, en todo caso, los servicios siguientes: b) En los Municipios con población superior a 5.000 habitantes: biblioteca pública.
- Delegación de competencias (art. 27). La Administración del Estado y las de las CC. AA. podrán delegar, siguiendo criterios homogéneos, entre otras, las siguientes competencias: g) *«Gestión de instalaciones culturales de titularidad de la CCAA o del Estado, con estricta sujeción al alcance y condiciones que derivan del artículo 149.1.28.ª de la CE».* Se trata de una delegación pensada más bien para las Diputaciones Provinciales.

Lo que sí se ha suprimido es la anterior posibilidad de los Municipios de realizar «actividades complementarias» de las propias de otras Administraciones públicas en materia de cultura. A diferencia de lo que sucede en otros sectores, como la educación o la salud, no existe en España leyes estatales generales en materia de cultura. La norma más general, que se suele utilizar de referencia, es la Ley 16/1985, de 25 de junio, del Patrimonio Histórico Español (LPHE). Sin embargo, incluso en relación con el patrimonio cultural, el planteamiento de la LPHE ha quedado anticuado, al no adecuarse a las Convenciones de la UNESCO y del Consejo de Europa, lo que ha motivado la elaboración de un anteproyecto de Ley de Patrimonio Inmaterial.

Si nos referimos al resto de actividades e industrias culturales, sólo en fechas relativamente recientes se han aprobado algunas Leyes estatales sectoriales y, por ello, parciales que estudiaremos a describir clasificadas en 7 grandes industrias.

6.2. El patrimonio cultural

En el ámbito estatal, esta materia está presidida, como se ha señalado ya, por la Ley 16/1985, de 25 de junio, del Patrimonio Histórico Español, de carácter básico. Por su parte, la práctica totalidad de las CC. AA. han aprobado desde 1990 su propia Ley de Patrimonio Histórico o Cultural, generalmente más avanzadas que la Ley estatal, aunque sólo sea porque son más recientes.

La LPHE declara que integran el Patrimonio Histórico Español los inmuebles y objetos muebles de interés artístico, histórico, paleontológico, arqueológico, etnográfico, científico o técnico. También forman parte del mismo el patrimonio documental y bibliográfico, los yacimientos y zonas arqueológicas, así como los sitios naturales, jardines y parques, que tengan valor artístico, histórico o antropológico.

Los criterios de ordenación en el régimen jurídico de los bienes culturales es importante. Esto es aquellos que elementos integran el patrimonio cultural, clasificados en función de tres factores: la naturaleza del bien, grado de protección que pretenda dispensársele y titularidad del mismo.

- En relación con la naturaleza del bien, se diferencia entre bienes inmuebles, muebles e inmateriales, debido a las evidentes diferentes exigencias que comportan su conservación y protección. Así, por ejemplo, las prevenciones frente a la demolición son propias de los inmuebles y las reglas sobre exportación son exclusivas de los bienes muebles.
- En segundo lugar, la Ley no brinda una protección homogénea a todos los bienes culturales, sino que establece varios niveles de protección en función de distintas categorías de bienes. En concreto, la LPHE diferencia entre una categoría genérica de bienes que integran el Patrimonio Histórico Español, así como dos categorías especiales con una protección cualificada: de un lado,

los bienes declarados de interés cultural (BIC), calificados como *«los bienes más relevantes del Patrimonio Histórico Español»*; y, de otro lado, los bienes muebles incluidos en el Inventario General de Bienes Muebles del Patrimonio Histórico Español, esto es, bienes muebles no declarados de interés cultural pero *«que tengan singular relevancia»*.

- En tercer lugar, aun cuando el art. 46 CE establece que la finalidad proteccionista alcanza a todos los bienes que integran el patrimonio cultural, cualquiera que sea su titularidad.

A continuación pondremos la lupa en los dos mayores elementos que sobresalen en el sector patrimonial en la cultura, los Bienes declarados de interés cultural y los Planes Especiales de Protección. Según la LPHE, gozarán de singular protección y tutela los bienes integrantes del Patrimonio Histórico Español declarados de interés cultural, declaración que corresponde con carácter general a las CC. AA. El principal límite es que *«no podrá ser declarada BIC la obra de un autor vivo, salvo si existe autorización expresa de su propietario o media su adquisición por la Administración»*.

La salvaguarda jurídica de un bien patrimonial no queda suficientemente solventada con su declaración de BIC, sino que a veces es necesario complementar la misma mediante una figura conexa a la propia declaración de BIC, cuál es la delimitación de su entorno protegido, mediante el cual se trata de garantizar al bien un perímetro de protección física en el cual esté prohibida o limitada cualquier actuación que alterase o dificultase la percepción del Bien.

Una vez declarado el BIC, los propietarios y, en su caso, los titulares de derechos reales sobre tales bienes, o quienes los posean por cualquier título, están obligados a permitir y facilitar su inspección por parte de los organismos competentes, su estudio a los investigadores, previa solicitud razonada de éstos, y su visita pública, al menos cuatro días al mes, en días y horas previamente señalados. El cumplimiento de esta última obligación podrá ser dispensado total o parcialmente por la Administración competente cuando medie causa justificada. En el caso de bienes muebles se podrá igualmente acordar como obligación sustitutoria el depósito del bien en un lugar que reúna las adecuadas condiciones de seguridad y exhibición.

Los bienes integrantes del Patrimonio Histórico Español deberán ser conservados, mantenidos y custodiados por sus propietarios. En el caso de bienes inmuebles declarados BIC, las actuaciones debe ir encaminadas a su *«conservación, consolidación y rehabilitación y evitarán los intentos de reconstrucción, salvo cuando se utilicen partes originales de los mismos y pueda probarse su autenticidad»*. Aunque la dicción del precepto parece inicialmente clara, la realidad viene a demostrar que no es nada fácil determinar cuándo nos encontramos ante una legítima restauración o rehabilitación de un inmueble y cuando nos enfrentamos a una prohibida reconstrucción de un bien histórico. El Tribunal Supremo en una conocida sentencia de 16 de octubre de 2000 en relación al Teatro Romano de Sagunto, declaró que la LPHE ha optado claramente por las posturas partidarias de la mínima intervención o intervención indispensable, desestimando las posiciones defendidas por los seguidores de la denominada *«restauración estilística»*.

Existe una serie de categorías especiales de BIC. En el caso de bienes inmuebles, la declaración se ajusta a alguna de las categorías siguientes, de las cuales las cinco primeras son comunes, pues están contenidas en la LPHE, el resto de categorías varían en función de la CC. AA.:

- Monumentos: Bienes inmuebles que constituyen realizaciones arquitectónicas o de ingeniería, u obras de escultura colosal siempre que tengan interés histórico, artístico, científico o social. Se trata de la categoría más común y tradicional (los llamados por la legislación anterior Monumentos Nacionales).
- Jardín histórico: El espacio delimitado, producto de la ordenación por el hombre de elementos naturales, a veces complementado con estructuras de fábrica, y estimado de interés en función de su origen o pasado histórico o de sus valores estéticos sensoriales o botánicos (p. ej., el Jardín Histórico los Jameos del Agua en Lanzarote).
- Conjunto histórico: La agrupación de bienes inmuebles que forman una unidad de asentamiento, continua o dispersa, condicionada por una estructura física representativa de la evolución de una comunidad humana por ser testimonio de su cultura o constituir un valor de uso y disfrute para la colectividad. En este caso la Ley

subraya la necesidad de aprobación de planes especiales de protección de centros o conjuntos históricos que incluyan catálogos de bienes especialmente protegidos, concediendo un cierto protagonismo a los Municipios, debido a la interactuación de las competencias urbanísticas.

- Sitio histórico: El lugar o paraje natural vinculado a acontecimientos o recuerdos del pasado, a tradiciones populares, creaciones culturales o de la naturaleza y a obras del hombre, que posean valor histórico, etnológico, paleontológico o antropológico (p. ej., los lugares vinculados con Juan Ramón Jiménez, o al fusilamiento de Blas Infante).
- Zona arqueológica: El lugar o paraje natural donde existen bienes muebles o inmuebles susceptibles de ser estudiados con metodología arqueológica, hayan sido o no extraídos y tanto si se encuentran en la superficie (p. ej., el yacimiento de Carissa Aurelia en Espera), en el subsuelo o bajo las aguas territoriales españolas (p. ej., La Ballenera en Algeciras).

A continuación y por su parte, los Plantes Especiales de Protección, constituyen la segunda muleta legislativa al servicio del patrimonio cultural. La declaración de un Conjunto Histórico, Sitio Histórico o Zona Arqueológica, como Bienes de Interés Cultural, determina la obligación para el Municipio o Municipios en que se encontraren de redactar un Plan Especial de Protección del área afectada por la declaración u otro instrumento de planeamiento de los previstos en la legislación urbanística que cumpla en todo caso las exigencias establecidas en la LPHE.

El plan realizará la catalogación, según lo dispuesto en la legislación urbanística, de los elementos unitarios que conforman el Conjunto, tanto inmuebles edificados como espacios libres exteriores o interiores, u otras estructuras significativas, así como de los componentes naturales que lo acompañan, definiendo los tipos de intervención posible. A los elementos singulares se les dispensará una *«protección integral»*. Para el resto de los elementos se fijará, en cada caso, un *«nivel adecuado de protección»*.

Tanto la LPHE como la LPHA establecen que en toda obra pública financiada total o parcialmente por la AGE o CC. AA., cuyo presupuesto exceda de un millón de euros, se incluirá una partida equivalente al menos al 1 % de la aportación pública destinada a obras de conservación y acrecentamiento del Patrimonio Histórico. Para la gestión de esta financiación, los departamentos u organismos pueden bien transferir a la Administración Cultural el importe para que lo gestione esta o bien pueden gestionar ellos mismos ese fondo, directamente o cediéndolo a otras Administraciones (por ejemplo, a Ayuntamientos).

6.3. Sector del libro

En el ámbito estatal, el sector del libro y las bibliotecas se encuentra ordenado en la Ley 10/2007, de 22 junio, de la lectura, del libro y de las bibliotecas[23], que tiene carácter básico. Hasta entonces esta materia estaba reglada por la Ley 9/1975, de 12 marzo, del Libro, pero gran parte de sus preceptos estaban superados por la nueva realidad constitucional, tanto por la regulación de derechos y libertades como por el nuevo marco territorial constitucionalmente establecido. Adicionalmente existen normativas anejas como la Directiva 92/100/CE, de alquiler y préstamo de obras, modificada por la Directiva 2007/115-CE de 12 de diciembre sobre derechos de alquiler y préstamo y otros derechos afines a los derechos de autor en el ámbito de la PI y el Real Decreto 624/2014, de 18 de julio, por el que se desarrolla el derecho de remuneración a los autores por los préstamos de sus obras realizados en determinados establecimientos accesibles al público.

La Ley ordena el apoyo de los poderes públicos al libro, como modelo de expresión cultural, así como a la labor de sus diversos protagonistas, y de principal industria cultural de nuestro país, como es el sector del libro. La previsión de promoción del libro se divide en:

- Promoción de la lectura. El fomento de la lectura es uno de los mejores apoyos para el futuro del sector del libro español, tanto en su vertiente cultural como industrial. Por ello, la Ley 10/2007 insta al Gobierno a aprobar y desarrollar planes de fomento de la lectura, los cuales

23 Desarrollada por Real Decreto 2063/2008, de 12 de diciembre, cuyo capítulo quinto está dedicado a las bibliotecas.

considerarán la lectura como una herramienta básica para el ejercicio del derecho a la educación y a la cultura, en el marco de la sociedad de la información y subrayarán el interés general de la lectura en la vida cotidiana de la sociedad, mediante el fomento del hábito lector (arts. 3 y 4). Como instrumento adicional, se creó el Observatorio de la Lectura y del Libro, dependiente del Ministerio de Cultura, con el objetivo de análisis permanente de la situación del libro, la lectura y las bibliotecas (creado por el Real Decreto 1574/2007, de 30 de noviembre).

- Promoción de los autores. La Ley 10/2007 obliga al Ministerio de Cultura a desarrollar, con la participación y colaboración de las CC. AA., campañas de promoción de los autores, incluidos traductores, que se expresen en castellano o en cualesquiera de las lenguas oficiales de las CC. AA.. En tal sentido, se prevé un sistema de premios a favor de los autores de los principales ámbitos de la actividad literaria, cultural, científica y técnica.
- Promoción de la industria editorial y del comercio del libro. La Ley 10/2007 obliga a la Administración del Estado a establecer programas de apoyo a la industria y al comercio del libro para garantizar la pluralidad y diversidad cultural y facilitar el acceso a la lectura en consideración a los valores culturales que el libro representa y a su importancia industrial y económica.

Por otro lado, la ley en cuestión regula también elementos normativos esenciales en este sector como lo es el número internacional de libros y de publicaciones seriadas, más conocido como el ISBS e ISSN. El International Standard Book Number, número ISBN, es el número creado internacionalmente para dotar a cada libro de un código numérico que lo identifique, y que permite coordinar y normalizar la identificación de cualquier libro para localizarlo y facilitar su circulación en el mercado, estimulando la cooperación de los proveedores y usuarios de la información bibliográfica que constituye su objeto fundamental.

En aplicación de las recomendaciones y orientaciones internacionales aprobadas por la Agencia Internacional del ISBN, el Ministerio de Cultura es el órgano encargado de desarrollar el sistema del ISBN en nuestro país, sin perjuicio de las competencias que hayan asumido las CC. AA..

Ahora bien, la asignación del ISBN tiene valor identificativo a los solos efectos de difusión y comercialización, sin que dicha asignación comporte elemento alguno de valoración de la obra registrada, ni acredite la publicación efectiva de la misma (Real Decreto 2063/2008, de 12 de diciembre).

El International Standard Serial Number, número ISSN, es el número internacional normalizado de publicaciones seriadas, es decir, el número que poseerán las revistas, magacines, folletos o colecciones que se publiquen con carácter periódico y que lleven una sucesión. En España su gestión corresponde a la Biblioteca Nacional también, sin perjuicio de las competencias que hayan asumido las CC. AA. por medio de agencias.

Además del número de identificación de las obras escritas, en España poseemos otra formalidad, el depósito legal. Esta institución constituye un trámite que da seguridad jurídica a la obra y que la hace perenne en el tiempo al conservar su contenido en la BNE, además de facilitar un número de referencia de dicho depósito. La regulación sobre la comercialización del libro y publicaciones afines parte de la convicción de que se ofrece un producto que es más que una mera mercancía: se trata de un soporte físico que contiene la plasmación del pensamiento humano, la ciencia y la creación literaria, posibilitando ese acto trascendental y único para la especie humana, que es la lectura.

La difusión de esas creaciones, su valor cultural y su pluralidad requieren una cierta garantía tanto en el control de calidad del texto como en su comercialización para que puedan ser accesibles al mayor número de potenciales lectores. Esos fines son los perseguidos por los sistemas de precio fijo o único de los libros, de este modo, se permite la coexistencia de ediciones de rápida rotación y otras de más larga rotación, ofreciendo las librerías no sólo lo novedoso sino un fondo bibliográfico que facilite el acceso igualitario y diverso a la cultura, tal y como exige el art. 44 CE.

Ley 10/2007 pretende reforzar el principio general del precio fijo estableciéndose, con rango legal: toda persona que edita, importa o reimporta libros está obligada a establecer un precio fijo de venta al público o de transacción al consumidor final de los libros que se editen, importen o reimporten, todo ello con independencia del lugar en que se realice la venta o del procedimiento u operador económico a través del cual se efectúa la transacción. Con el fin de garantizar una adecuada información el editor o importador quedará asimismo obligado a indicar en los libros por él editados o importados el precio fijo. No obstante, se prevén tanto exclusiones al precio fijo (como libros antiguos, descatalogados y usados, y sobre todo, libros escolares), como excepciones al mismo (Ferias del Libro, Congresos o Exposiciones del Libro, entre otros).

Si nos referimos al Depósito legal hemos de comenzar señalando que la obligación del depósito legal es muy antigua. Ya en 1619 Felipe III concedió a la Real Biblioteca de El Escorial el privilegio de recibir un ejemplar de cuantos libros se imprimiesen. Y en 1716 Felipe V amplía este privilegio a la recién fundada Librería Real, hoy BNE.

Hoy en día, el depósito legal tiene por misión fundamental la preservación de la cultura, haciendo posible que cualquier persona pueda acceder al patrimonio cultural, intelectual y bibliográfico, así como coadyuvar a la protección de los derechos de autor en el ámbito de la PI. Por tanto, la observancia de la obligación de constituir el depósito legal es una condición imprescindible para garantizar el derecho de acceso a la información de todos los ciudadanos (disposición adicional 1.ª Ley 10/2007). En la actualidad, el depósito legal se ordena por Ley 23/2011, de 29 de julio.

Son objeto del depósito legal todo tipo de publicaciones, producidas o editadas en España, por cualquier procedimiento de producción, edición o difusión, y distribuidas o comunicadas en cualquier soporte o por cualquier medio, tangible o intangible. Están obligados a constituir el depósito legal los editores que tengan su domicilio, residencia o establecimiento permanente en territorio español, cualquiera que sea el lugar de impresión.

Los obligados al depósito legal deberán proceder a la constitución del mismo ante la oficina de depósito legal que determine la CC. AA. en la que tenga su sede social el editor a través del sistema que establece esta ley, y siempre antes de su distribución o venta. En caso de incumplimiento de la obligación de depósito legal, la obra no podrá ser distribuida.

La persona obligada a realizar el depósito legal de una obra publicada en un soporte tangible solicitará el correspondiente número de depósito legal antes de que finalice laproducción o impresión del documento. El número de depósito legal está compuesto de las siglas DL, o el que se determine como equivalente por las CC. AA., la sigla que corresponda a cada Oficina, el número de constitución del depósito y el año de constitución del mismo, en cuatro cifras. Las diversas partes del número de depósito legal estarán separadas por un espacio, salvo el año que irá precedido de un guión. Al finalizar cada año se cerrará la numeración, que se iniciará de nuevo al comenzar el año.

La BNE es centro de conservación de, al menos, dos ejemplares de las primeras ediciones, reediciones de libros, folletos y recursos multimedia en los que al menos uno de los soportes sea en papel.

6.4. Bibliotecas

En este ramo existe legislación abundante de legislación local y autonómica, pero por ser común a todos los alumnos españoles nos referiremos a la legislación estatal:

- Bibliotecas públicas. Las bibliotecas públicas son el medio por el que los poderes públicos posibilitan el ejercicio efectivo del derecho de todos los ciudadanos para acceder a la información, la educación y la cultura en el contexto de la Sociedad de la Información y el Conocimiento. Por ello, la Ley 10/2007 obliga a las administraciones públicas, en el ámbito de sus respectivas competencias, a garantizar el acceso de los ciudadanos a las bibliotecas con la finalidad de promover la difusión del pensamiento y la cultura contribuyendo a la transformación de la información en conocimiento, y al desarrollo cultural y la investigación. A tal fin, el servicio de biblioteca pública debe poder ser utilizado por cualquier ciudadano conforme a un principio de igualdad, independientemente de su lugar de origen o residencia (art. 13).
- Sistema Español de Bibliotecas. Ya previsto en el art. 66 LPHE, según la Ley 10/2007, está integrado por las bibliotecas de titularidad estatal, los sistemas bibliotecarios autonómicos, provinciales y locales, y todo tipo de entidades privadas en función de las relaciones de cooperación basadas en el principio de voluntariedad. El Sistema Español de Bibliotecas fomentará la igualdad en el acceso a un servicio público de biblioteca de cali-

dad en el conjunto del Estado para que no se produzcan desigualdades entre los ciudadanos de sus distintas zonas o de los municipios con menor índice de población. Como órgano de cooperación del Sistema se crea el Consejo de Cooperación Bibliotecaria, integrado por representantes de la AGE, de las CC. AA. y de las entidades locales (Real Decreto 1573/2007, de 30 de noviembre). En todo caso, esta cooperación es fundamentalmente de carácter voluntario (art. 15 Ley 10/2007).

- BNE. Creada en 1711 a partir de 6.000 volúmenes traídos de Francia por Felipe V y cuyo sostenimiento se confiaba a los impuestos sobre *«tabaco y naipes del Reino»,* en 1836 pasó de Biblioteca Real a Nacional, y es llamada desde 2009 BNE (BNE). Su función principal es reunir, catalogar y conservar los fondos bibliográficos impresos, manuscritos y no librarios de carácter unitario y periódico, recogidos en cualquier tipo de soporte, producidos en cualquier lengua española o en otro idioma, al servicio de la investigación, la cultura y la información, y difundir el conocimiento de dichos fondos. Para ello, como ya se ha señalado, la BNE es centro de conservación del depósito legal. Además, corresponde a la BNE la elaboración de la Bibliografía española, a partir de los registros bibliográficos de los documentos publicados en España y que ingresan en la BNE de acuerdo con las disposiciones vigentes de Depósito Legal (Ley 23/2011, de 29 de julio). Organizativamente, la BNE tiene el carácter de organismo autónomo adscrito al Ministerio de Cultura (Real Decreto 1638/2009, de 30 de octubre).
- Bibliotecas de titularidad estatal. Además de las bibliotecas dependientes del Ministerio de Cultura, como es notorio, los distintos órganos e instituciones dependientes de la Administración del Estado han ido creando sus propias bibliotecas, primordialmente como instrumento de apoyo al estudio, análisis y fundamento de la toma de decisiones. Pero independientemente de esta función primordial, lo cierto es que parte de la enorme cantidad de recursos invertidos en su creación, dotación y fomento deben revertir en el conjunto de la sociedad en forma de mayor y más fácil accesibilidad por parte de los ciudadanos a todo el patrimonio bibliográfico y a la valiosa información que contienen. Para hacer compa-

tibles ambas funciones, de apoyo a los órganos donde se encuadran y de servicio a la sociedad es necesario articular los mecanismos para la normalización y coordinación. En tal sentido, se crea la Comisión General de Coordinación de Bibliotecas de la AGE y se insta a cada Ministerio a aprobar su propia Comisión ministerial de coordinación de bibliotecas (Real Decreto 1572/2007, de 30 de noviembre).

6.5. Museos

En la actualidad jurídica española no existe una ley estatal general sobre museos. El régimen legal se contiene en unas pocas disposiciones dispersas de la LPHE de 1985 y en múltiples disposiciones reglamentarias.

De hecho, lo más característico de la legislación estatal sobre museos es la tendencia a su singularización, mediante la aprobación de estatutos particulares para cada institución En el ámbito de los Museos de titularidad estatal, la Ley 46/2003, de 26 de noviembre, reguladora del Museo del Prado (Real Decreto 1293/2007, de 28 de septiembre, Museo de las Peregrinaciones y de Santiago; Real Decreto 1508/2008, de 12 de septiembre, Museo Nacional de Arqueología Subacuática; Real Decreto 1827/2009, de 27 de noviembre, Museo Nacional del Romanticismo; Real Decreto 172/2010, de 19 de febrero, Museo Nacional y Centro de Investigación de Altamira, entre otros). El caso más significativo es el Museo Nacional Centro de Arte Reina Sofía, que cuenta con una Ley propia Ley 34/2011, de 4 de octubre). Los elementos más importantes a estudiar en lo que a museos se refiere son dos:

- Red de Museos de España: Está integrada por los museos de titularidad y gestión estatal o pertenecientes al sector público estatal adscritos al Ministerio de Cultura y a otros Departamentos Ministeriales que se relacionan en el Real Decreto 1305/2009, de 31 de julio, ente los cuales destacan los llamados Museos Nacionales de titularidad y gestión estatal. Además, se prevé que podrán incorporarse a la Red de Museos de España, otras instituciones museísticas: museos de titularidad estatal y gestión transferida a las CC. AA., museos de titularidad pública-autonómica o local, de singular relevancia e instituciones privadas de singular relevancia, también previo acuerdo. La incorporación de estas instituciones requiere que se trate de museos que alcancen unos criterios de calidad y excelencia, así como previo acuerdo entre la AGE y la Administración o institución correspondiente.

- Patrimonio Nacional: Mencionado expresamente en el art. 132.3 CE, se trata de un conjunto de palacios y sitios (Palacios Reales de Oriente, Aranjuez, El Escorial, La Granja, El Pardo, La Zarzuela), originariamente de titularidad de la Corona (Patrimonio Real), que pasó durante la Revolución Liberal a la titularidad del Estado. Este patrimonio se sigue rige por la Ley 23/1982, de 16 de junio, que mantiene la titularidad estatal y define los bienes que componen el Patrimonio Nacional como *«afectados al uso y servicio del Rey y de los miembros de la Real Familia para el ejercicio de la alta representación que la Constitución y las leyes les atribuyen»* (art. 2). Ello sin perjuicio de la posible utilización de los bienes con fines culturales, científicos y docentes. Sus museos pueden incorporarse previo acuerdo a la Red de Museos de España.

6.6. Archivos

Tampoco existe una Ley estatal sobre archivos. El régimen legal se contiene en unas pocas disposiciones dispersas de la Ley de Patrimonio Histórico Español de 1985 y en múltiples disposiciones reglamentarias, que sólo recientemente se desarrollaron mediante el Real Decreto 1708/2011, de 18 de noviembre, por el que se establece el Sistema Español de Archivos y se regula el Sistema de Archivos de la AGE y de sus Organismos Públicos y su régimen de acceso. De las disposiciones existentes en materia de archivos destacamos:

- Sistema Español de Archivos: Previsto el art. 66 LPHE y forman parte del mismo el Sistema de Archivos de la AGE y sus organismos autónomos públicos, así como los sistemas archivísticos autonómicos, provinciales, locales, *«en función de las relaciones de cooperación, basadas en el principio de voluntariedad, que se establezcan»*. Esto es así porque los archivos de titularidad autonómica y local son de competencia autonómica, y, en tal sentido, se dispone que las relaciones de la AGE con los sistemas archivísticos autonómicos se regularán por lo establecido en los respectivos convenios de colaboración que, con tal fin, se suscriban con las CC. AA. Para impulsar la cooperación entre las administraciones públicas en materia de archivos se crea el Consejo de Cooperación Archivística.

- Sistema de Archivos de la AGE: Está integrado por los archivos, centros, servicios y, en su caso, sistemas archivísticos de los departamentos ministeriales, y de sus organismos públicos existentes. Como órgano de coordinación se crea una Comisión de Archivos de la AGE y de sus organismos públicos.

6.7. Sector del cine y audiovisual

La ordenación básica estatal en esta materia está contenida en la Ley 55/2007, de 28 de diciembre, del Cine, que fue desarrollada por Real Decreto 1084/2015[24], de 4 de diciembre, por el que se desarrolla la Ley 55/2007, de 28 de diciembre, del Cine (previamente lo desarrollaba el Real Decreto 2062/2008, de 12 de diciembre y el Real Decreto 490/2010, de 23 de abril y finalmente). Es interesante el conjunto de definiciones que ofrece esta ley.

Partiendo de la consideración de la actividad cinematográfica y audiovisual como un sector estratégico de la cultura y economía españolas, el objeto de la Ley 55/2007 es la promoción y fomento de la producción, distribución y exhibición de obras cinematográficas y audiovisuales y el establecimiento tanto de condiciones que favorezcan su creación y difusión como de medidas para la conservación del patrimonio cinematográfico y audiovisual, todo ello en un contexto de defensa y promoción de la identidad y la diversidad culturales (art. 1).

De hecho, la ley apela a la Convención de la UNESCO sobre la protección y promoción de la diversidad de las expresiones

24 Art. 2 «*Este real decreto es de aplicación a las actividades de creación, producción, distribución y exhibición cinematográfica y audiovisual, así como a las industrias técnicas conexas que se desarrollen por personas físicas residentes en España y por personas jurídicas españolas y nacionales de otros Estados miembros de la UE y del EEE establecidas en España de conformidad con el ordenamiento jurídico*».

culturales de 2005 para fundamentar las medidas de fomento que establece. Los principales contenidos y novedades de la Ley 55/2007 son los siguientes:

- En el ámbito de la AGE, corresponde al Ministerio de Cultura, por medio del ICAA el ejercicio de las funciones estatales (art. 3). Asimismo, dependiente del ICAA se crea el Registro Administrativo de Empresas Cinematográficas y Audiovisuales. La previa inscripción de una empresa en este Registro es necesaria para que la empresa pueda ser beneficiaria de certificados de calificación, créditos, ayudas y otros estímulos establecidos en la Ley (art. 7).
- Tendrán la nacionalidad española las obras realizadas por una empresa de producción española, o de otro Estado miembro de la UE establecida en España, a las que sea expedido por órgano competente *«certificado de nacionalidad española»,* previo reconocimiento de que cumplan los siguientes requisitos (art. 5):
  a) Que el elenco de autores de las obras cinematográficas y audiovisuales, entendiendo por tales el director, el guionista, el director de fotografía y el compositor de la música, esté formado, al menos en un 75 %, por personas con nacionalidad española o de cualesquiera de los otros Estados miembros de la UE, de los Estados parte en el Acuerdo sobre el EEE (EEE), o que posean tarjeta o autorización de residencia en vigor en España o en cualesquiera de dichos Estados. En todo caso, se exigirá que el director de la película cumpla siempre dicho requisito.
  b) Que los actores y otros artistas que participen en la elaboración de una obra cinematográfica o audiovisual estén representados al menos en un 75 % por personas que cumplan los requisitos de nacionalidad o residencia establecidos en la letra anterior.
  c) Que el personal creativo de carácter técnico, así como el resto de personal técnico que participen en la elaboración de una obra cinematográfica o audiovisual, estén representados, cada uno de ellos, al menos en un 75 % por personas que cumplan los requisitos de nacionalidad o residencia indicados.
  d) Que la obra cinematográfica o audiovisual se realice preferentemente en su versión original en cualquiera de las lenguas oficiales del Estado español.

e) Que el rodaje se realice en territorio español o de otros Estados miembros de la UE.

Con carácter general, el certificado de nacionalidad se expide junto con la calificación de la película una vez finalizada, ya que éste es el momento en el que el organismo competente visiona la cinta, y comprueba que la misma cumple los requisitos necesarios para la obtención de nacionalidad española.

A continuación, respecto a la calificación de las películas y obras audiovisuales hemos de señalar que antes de proceder a la comercialización, difusión o publicidad de una película cinematográfica u obra audiovisual por cualquier medio o en cualquier soporte en territorio español, esta deberá ser calificada por grupos de edades del público al que está destinada, mediante resolución del Director del ICAA por los órganos competentes de aquellas CC. AA. que ostenten competencias para la calificación de las películas y los materiales audiovisuales (art. 8).

De la programación anual de oferta, al menos un 25 % de la cuota habrá de ser cine producido en la UE. Las calificaciones de las películas y demás obras audiovisuales deben hacerse llegar a conocimiento del público. A este fin, el órgano competente regulará las obligaciones de quienes realicen actos de comunicación, distribución o comercialización. Las calificaciones tienen, en general, un valor orientativo, salvo las películas y demás obras audiovisuales de carácter pornográfico o que realicen apología de la violencia, cuya exhibición pública debe realizarse exclusivamente en las salas especiales, a las que no tendrán acceso, en ningún caso, los menores de 18 años (art. 9).

Como punto y a parte, vamos a desarrollar las medidas de fomento del producto nacional y las obligaciones que se exigen a exhibidores, a televisiones como medida de protección adicional y especial al cine español frente a la invasión comercial de nuestro mercado por el cine de EEUU, se mantiene la cuota de pantalla, en virtud de la cual las salas de exhibición cinematográfica están obligadas a programar dentro de cada año natural obras cinematográficas de Estados miembros de la UE en cualquier versión, de forma tal que, al concluir cada año natural, al menos el 25 % del total de las sesiones que se hayan programado sea con obras cinematográficas comunitarias.

Con todo, la Ley introdujo una cierta flexibilidad en la cuota de pantalla, ya que la exhibición de películas se contabiliza por sesiones, y no por días, y se tendrá en cuenta el conjunto de las salas integradas en un mismo complejo.

De otro lado, las empresas titulares de las salas deben remitir al ICAA o al organismo competente de la CC. AA. diversas informaciones: la declaración de todas las películas proyectadas en sus salas, el número de entradas vendidas y la recaudación obtenida (art. 16). Esta información es básica para la efectividad de los derechos de los titulares de las obras y la gestión de las medidas de fomento de la cinematografía.

En segundo lugar, como obligaciones de las televisiones hemos de señalar la manifestación del derecho a la diversidad cultural y lingüística, la Ley 7/2010, de 31 de marzo, General de la Comunicación Audiovisual, declara que todas las personas tienen el derecho a que la comunicación audiovisual incluya una programación en abierto que refleje la diversidad cultural y lingüística de la ciudadanía, para lo cual impone dos obligaciones a las televisiones:

- Cuota de pantalla: Los prestadores del servicio de comunicación televisiva de cobertura estatal o autonómica deben reservar a obras europeas el 51 % del tiempo de emisión anual de cada canal o conjunto de canales de un mismo prestador con exclusión del tiempo dedicado a informaciones, manifestaciones deportivas, juegos, publicidad, servicios de teletexto y televenta. A su vez, el 50 % de esa cuota queda reservado para obras europeas en cualquiera de las lenguas españolas. En todo caso, el 10 % del total de emisión estará reservado a productores independientes del prestador de servicio y la mitad de ese 10 % debe haber sido producida en los últimos 5 años.
- Financiación: Esta obligación existe desde 1999, y si bien el TS la sometió en 2007 a cuestión prejudicial ante el Tribunal de Justicia UE, este Tribunal la consideró proporcionada (Sentencia de 5 de marzo de 2009). El art. 5 Ley 7/2010 establece que los prestadores del servicio de comunicación audiovisual televisiva de cobertura estatal o autonómica deben contribuir anualmente a la financiación anticipada de la producción europea de películas cinematográficas, películas y series para tele-

visión, así como documentales y películas y series de animación, con el 5 % de los ingresos devengados en el ejercicio anterior conforme a su cuenta de explotación, correspondientes a los canales en los que emiten estos productos audiovisuales con una antigüedad menor a siete años desde su fecha de producción (al hablar al Ley 7/2010 de obras audiovisuales y no sólo de películas, deja claro que se incluyen también las series). Para los prestadores de servicios de comunicación audiovisual de titularidad pública de cobertura estatal o autonómica esta obligación será del 6 %.

Como mínimo, el 60 % de esta obligación de financiación, y el 75 % en el caso de los prestadores de servicios de comunicación audiovisual de titularidad pública, deberá dedicarse a películas cinematográficas de cualquier género. Además, el control y seguimiento de las obligaciones contenidas en este punto corresponderá al Consejo Estatal de Medios Audiovisuales, previo dictamen preceptivo del ICAA, si bien para las emisiones de cobertura limitada al ámbito de una CC. AA., dicho control y seguimiento corresponderá al órgano audiovisual autonómico que corresponda.

El fomento del sector del cine y audiovisual reside en los PGE en los cuales se dotará anualmente un *Fondo de Protección a la Cinematografía y al Audiovisual*, cuya gestión se realizará por el ICAA. Las medidas de fomento para la producción, distribución, exhibición y promoción en el interior y exterior de películas cinematográficas y otras obras audiovisuales, concederán especial consideración hacia la difusión de obras de interés cultural, así como para la conservación en España de negativos, masters fotoquímicos o digitales y favorecerán la producción independiente, con incentivos específicos (art. 19), entendiendo por productor independiente aquella persona física o jurídica que no sea objeto de influencia dominante por parte de un prestador de servicio de comunicación/difusión audiovisual ni de un titular de canal televisivo privado (art. 4).

6.8. Sector de las artes escénicas, musicales y otras

En este sector destaca el Real Decreto 2491/1996, de 5 de diciembre, de estructura orgánica y funciones del INAEM, el Real Decreto 1245/2002, de 29 de noviembre, por el que se aprueba el Reglamento de Organización y Funcionamiento de la Orquesta Nacional de España y Decreto 2618/1966, de 10 de septiembre, sobre Reglamentación general de los Conservatorios de Música, cuya última modificación se efectuó por Real Decreto 970/1994, de 13 de mayo.

No existe una Ley estatal en materia de artes escénicas y musicales. La legislación se ha centrado en tres aspectos: la ordenación de las estructuras públicas, de la acción de fomento de las actividades privadas y la legislación de orden y seguridad pública sobre espectáculos y similares.

Respecto a la primera, destaca el INAEM, organismo autónomo dependiente del Ministerio de Cultura, creado por la Ley 50/1984, de 30 de diciembre, de PGE para 1985. De acuerdo con su estatuto, tiene como fines la promoción, protección y difusión de las artes escénicas y de la música en cualquiera de sus manifestaciones, así como su proyección exterior y la comunicación cultural con las CC. AA. en materias propias del organismo, de acuerdo con ellas (Real Decreto 2491/1996, de 5 de diciembre).

Del INAEM depende un conjunto de centros de producción o creación artística (como el Centro Dramático Nacional, el Ballet Nacional de España o la Compañía Nacional de Danza), de exhibición (como el Auditorio Nacional o el Teatro de la Zarzuela), documentación (como el Centro de Documentación Teatral y el Centro de Documentación de Música y Danza) y de formación artística (como la Joven Orquesta Nacional de España). Asimismo, como órganos de participación y asesoramiento del INAEM (Real Decreto 497/2010, de 30 de abril), existe un Consejo Estatal de las Artes Escénicas y de la Música y diversos Consejos Artísticos de ámbito sectorial dependientes del mismo: Consejos Artísticos de la Música, de la Danza, del Teatro y del Circo, teatral y circense.

6.9. Otros sectores

Además de estas industrias que acabamos de estudiar existen otras materias en las que se discute su pertenencia a la industria creativa y cultural, o que su regulación no es estatal, sino local o autonómica.

- Tanto la Ley 10/1991, de 4 de abril, sobre potestades administrativas en materia de espectáculos taurinos como la Ley 18/2013, de 12 de noviembre, para la regulación de la Tauromaquia como patrimonio cultural regulan las actividades que rodean las fuestas taurinas. Si bien son un elemento puramente tradicional de nuestro país y que definen gran parte de la cultura, no se termina de clasificar como una industria creativa o cultural por parte de la doctrina.

- La Artesanía es una industria creativa que en algunas CC. AA. destacan como por ejemplo la Ley 15/2005, de 22 de diciembre, de Artesanía de Andalucía.
- También se dice que la investigación y la innovación poseen vertientes que engloban la industria cultural como el diseño gráfico, la arquitectura y similares. La Ley 14/2011, de 1 de junio, de la Ciencia, la Tecnología y laInnovación tiene por objeto contribuir a la generación, difusión y transferencia del conocimiento para resolver los problemas esenciales de la sociedad y promover la investigación, el desarrollo experimental y la innovación como elementos sobre los que ha de asentarse el desarrollo económico sostenible y el bienestar social. Pero en su art. 2 establece al respecto que nos ocupa que *«j) Impulsar la cultura científica, tecnológica e innovadora a través de la educación, la formación y la divulgación en todos los sectores y en el conjunto de la sociedad»*. Por ello ha de tenerse en cuenta de cara al futuro.

CAPÍTULO 7

REFERENCIAS NORMATIVAS INTERNACIONALES DE LA ICC

Tras la II Guerra Mundial las principales organizaciones internacionales como la UNESCO en el ámbito mundial y el Consejo de Europa en el ámbito continental, empezaron a adoptar acuerdos orientados a la protección del patrimonio cultural material. Pero desde el inicio de este siglo, la protección se ha extendido al patrimonio inmaterial y ha evolucionado hacia la promoción de la diversidad de las expresiones culturales.

Por su parte, la acción de la UE sigue presidida por un marcado principio de subsidiariedad, de modo que se desenvuelve principalmente en el ámbito de la cooperación con los Estados miembros e internacional. En primer lugar, vamos a estudiar las disposiciones que nos regulan a los gestores y directores culturales y creativos en el ámbito de la UNESCO, para seguir con los del Consejo de Europa y finalmente de la UE *late sensu*. Las disposiciones que hemos de conocer es la siguiente:

A. Consejo de Europa:

- Instrumento de Ratificación del Convenio Europeo del Paisaje[25].
- Instrumento de Ratificación del Convenio Europeo para la protección del patrimonio arqueológico, firmado en La Valeta el 16 de enero de 1992[26].

25 BOE núm. 155, 30 de junio de 1998.

26 BOE núm. 173, 20 de julio de 2011.

- Libro Blanco sobre el Diálogo intercultural, Estrasburgo, 7 de mayo de 2008.
- Resolución CM/Res 53, de 8 de diciembre de 2010, crea un Acuerdo Parcial Ampliado sobre Itinerarios Culturales del Consejo de Europa.

B. UE:

- Comisión:
  - Comunicación de la Comisión al PE, al CUE, al Comité Económico y Social Europeo y al Comité de las Regiones, Europa Creativa, un nuevo programa marco para los sectores cultural y creativo, COM 786 final, 2014-2020, 23 de noviembre de 2011.
  - Comunicación de la Comisión al PE, al CUE, al Comité Económico y Social Europeo y al Comité de las Regiones, *«Promover los sectores de la cultura y la creación para el crecimiento y el empleo en la UE»*, COM 537 final, 26 de septiembre de 2012.
  - Comunicación sobre una Agenda Europea para la Cultura en un Mundo en vías de Globalización, COM 242 final, 10 de mayo de 2007.
  - Informe al PE, al CUE, al Comité Económico y Social Europeo y al Comité de las Regiones sobre la aplicación de la Agenda Europea para la Cultura, COM 390 final, 19 de Julio de 2010.
- Consejo:
  - Conclusiones del Consejo y de los Representantes de los Gobiernos de los Estados miembros reunidos en el seno del Consejo, sobre el plan de trabajo en materia de cultura[27].
  - Directiva 93/7/CEE del Consejo, de 15 de marzo de 1993, relativa a la restitución de bienes culturales que hayan salido de forma ilegal del territorio de un Estado miembro[28].
  - Reglamento 116/2009 del Consejo relativo a la exportación de bienes culturales[29].

---

27 DOCE C 325, 2 de diciembre de 2010.

28 DOCE L n.º 074, 27 de marzo de 1993.

29 DOCE L 39, 10.2.2009, 18 de diciembre de 2008.

   - Resolución de 16 de noviembre de 2007, relativa a una Agenda Europea para la Cultura[30].
- PE y CUE:
   - Decisión 1194/2011/UE del PE y del CUE de 16 de noviembre de 2011, por la que se establece una acción de la UE relativa al Sello de Patrimonio Europeo[31].
   - Decisión 1622/2006/CE por el que se establece una acción comunitaria en favor de la manifestación *«Capital Europea de la Cultura»* para los años 2007-2019[32].
   - Reglamento Europeo 1295/2013 de 11 de diciembre de 2013 por el que se establece el Programa Europa Creativa[33].

7.1. La UNESCO

Las normas internacionales de ámbito mundial en materia de cultura, principalmente en protección del patrimonio, proceden fundamentalmente de la UNESCO, organismo especializado de la ONU, fundado en 1945, con sede en París, con el mandato de promover la cooperación internacional en las esferas de la educación, la ciencia, la cultura y la comunicación. Desde el inicio de su andadura en 1946, la Cultura es uno de los sectores del programa de la UNESCO. La acción normativa de la ONU se desarrolla en diversas temáticas como Patrimonio Mundial, Cultura o Desarrollo. Asimismo, esta acción normativa emplea un conjunto de instrumentos normativos:

- Recomendación: Se trata de un texto de la organización dirigido a uno o varios Estados, invitándolos a adoptar un comportamiento determinado o actuar de cierta manera en un ámbito cultural específico. En principio, la recomendación carece de toda fuerza vinculante para los Estados miembros. Por esta razón, las recomenda-

30 DOCE 2007/C 287/01.

31 DOCE L n.° 303, 22 de noviembre de 2011.

32 DOCE L n.° 304, 3 de noviembre de 2006.

33 DOCE L n.° 347, 20 de diciembre de 2013.

ciones suelen aprobarse en cuestiones sobre las que no existe un consenso lo suficientemente amplio para aprobar un convenio, y pueden ser el precedente de una ulterior convención.

- Convención: Este término, sinónimo de tratado o convenio, designa todo acuerdo concluido entre dos o más Estados, en virtud del cual cada una de las partes firmantes de la convención asume compromisos de carácter jurídicamente obligatorio, cuyo cumplimiento es objeto de seguimiento por parte de la organización, y que se plasma en informes periódicos. Debido a esta virtualidad, los convenios son, sin duda, el instrumento más importante.
- Declaración: Es un compromiso puramente moral o político, que únicamente compromete a los Estados en virtud del principio de buena fe. Como ejemplo, puede citarse la Declaración de la UNESCO relativa a la destrucción intencionada del patrimonio cultural, de 17 de octubre de 2003, emitida con motivo de la destrucción en Afganistán de los Budas de Bamiyan. Como las Recomendaciones, pueden ser el precedente de futuras convenciones.

Dicho lo cual, comenzaremos con la Convención para la protección del patrimonio cultural en caso de conflicto armado de 1954. Fue firmada en La Haya y se trató de un primer paso para la protección de los bienes culturales, al menos en caso de conflicto armado, pues son evidentes los graves daños sufridos por los bienes culturales en estas situaciones.

Uno de los logros de esta Convención es que por primera vez va a establecer una noción de lo que debe entenderse por bienes culturales, si bien en este época la noción de bienes culturales es aún reducida, circunscrita a bienes materiales, muebles o inmuebles, que tengan una gran importancia para el patrimonio cultural de los pueblos, tales como los monumentos de arquitectura, de arte o de historia, religiosos o seculares, los campos arqueológicos, las obras de arte, manuscritos y las colecciones importantes de libros o de archivos (art. 1).

Como medida de protección especial, se prevé la creación de refugios destinados a preservar los bienes culturales muebles, de centros monumentales y otros bienes culturales inmuebles de importancia muy grande, tratándose de garantizar la inmunidad de los bienes culturales bajo protección especial. No obstante, la aplicación de esta Convención puede verse mermada debido a la cláusula de «necesidad militar imperativa», por la que en este caso excepcional podrían atacarse bienes culturales.

En segundo lugar, nos hemos de referir a la Convención para prohibir e impedir la importación, la exportación y la transferencia de propiedad ilícitas de bienes culturales de 1970. Fue aprobada en Paris el 14 de noviembre de ese año y entró en vigor el 24 de abril de 1972. Consciente de la necesidad de colaboración internacional, la UNESCO impulsó esta Convención que tiene por objeto declarar ilícitas la importación, la exportación y la transferencia de propiedad de los bienes culturales que se efectúen infringiendo las disposiciones adoptadas por los Estados parte. Para ello se crea un certificado en el cual el Estado exportador autoriza la exportación de los bienes culturales de que se trate y que deberá acompañar a todos los bienes culturales regularmente exportados.

Al mismo tiempo, los Estados parte se comprometen a prohibir la salida de su territorio de los bienes culturales no acompañados del certificado de exportación antes mencionado, así como a adoptar medidas apropiadas para decomisar y restituir, a petición del Estado de origen parte en la Convención, todo bien cultural robado e importado, a condición de que el Estado requirente abone una indemnización equitativa a la persona que lo adquirió de buena fe o que sea poseedora legal de esos bienes. El Estado requirente deberá facilitar, a su costa, todos los medios de prueba necesarios para justificar su petición de decomiso y restitución.

A continuación, aprobada el 16 de noviembre de 1972, la Convención para la protección del patrimonio mundial cultural y natural, es una de las grandes Convenciones en materia cultural, y presentó en su día la innovación de brindar un tratamiento conjunto a los bienes culturales y naturales, si bien la noción de patrimonio cultural se ciñe a bienes materiales inmuebles. Se parte de la constatación de que no sólo las situaciones extraordinarias, como los conflictos armados y los desastres naturales, ponen en peligro el patrimonio cultural, sino también la propia evolución de las sociedades modernas.

De acuerdo con la Convención, cada uno de los Estados parte reconoce que la obligación de identificar, proteger, conservar, rehabilitar y transmitir a las generaciones futuras el patrimonio cultural y natural situado en su territorio, le incumbe primordialmente. Por tanto, procurará actuar con ese objeto por su propio esfuerzo y hasta el máximo de los recursos de que disponga, y llegado el caso, mediante la asistencia y la cooperación internacionales de que se pueda beneficiar, sobre todo en los aspectos financiero, artístico, científico y técnico.

Más aún, cada Estado parte asume la obligación de adoptar una *«política general»* encaminada a atribuir al patrimonio cultural y natural una función en la vida colectiva y a integrar la protección de ese patrimonio en los programas de planificación general; así como instituir en su territorio, si no existen, uno o varios servicios de protección, conservación y revalorización del patrimonio cultural y natural, dotados de un personal adecuado que disponga de medios que le permitan llevar a cabo las tareas que le incumban.

El aspecto más conocido y destacable de la Convención es la creación de la *«Lista del patrimonio mundial»*, más conocida como Patrimonio de la Humanidad, reservada para aquellos bienes que el Comité del Patrimonio Mundial considere que poseen un valor universal excepcional. Para ello, cada uno de los Estados parte de la Convención debe presentar al Comité del Patrimonio Mundial un inventario de los bienes del patrimonio cultural y natural situados en su territorio aptos para ser incluidos en la Lista. Además, cada Estado debe justificar documentalmente el Valor Universal Excepcional de cada bien cuya candidatura somete al Comité del Patrimonio Mundial.

España ratificó la Convención de Patrimonio Mundial Cultural y Natural el 18 de marzo de 1982 y hoy en día es, con 44 bienes inscritos en la Lista del Patrimonio Mundial, el segundo Estado, después de Italia, en número de bienes declarados. En España, el proceso para la presentación de candidaturas se inicia por las CC. AA., cada una de las cuales selecciona los bienes de su Comunidad susceptibles de ser declarados Patrimonio Mundial en el futuro. Esta selección se presenta al Ministerio de Cultura, y el Consejo de Patrimonio Histórico aprueba las inclusiones a la Lista Indicativa Española.

Con la inscripción en la Lista del Patrimonio Mundial no concluye el proceso. Los Estados parte, junto con los gestores de los bienes y las administraciones implicadas, tienen la obligación de preparar los denominados informes periódicos acerca del estado de conservación y gestión de los bienes, así como de las diversas medidas de protección adoptadas en ellos. Estos informes permiten al Comité de Patrimonio Mundial evaluar el estado real de los bienes y, llegado el caso, decidir si es necesario tomar medidas específicas, incluida la inscripción de un bien en la *Lista del Patrimonio Mundial en Peligro*.

La inscripción de los bienes en la Lista de Patrimonio Mundial en Peligro permite al Comité asignar inmediatamente asistencia de emergencia al bien amenazado con cargo al *Fondo de Patrimonio Mundial*, creado por la Convención. Por esta razón, en ocasiones, la inclusión de un bien en la Lista de Patrimonio Mundial en Peligro se hace a solicitud del propio Estado parte afectado, ya que esta inscripción le permite obtener ayuda con mayor facilidad.

En cuarto lugar, nos referiremos a un tratado internacional que nace de la preocupación por la creciente explotación comercial del patrimonio cultural subacuático, la Convención para la protección del patrimonio cultural subacuático de 2001. Su origen se asocia especialmente a las actividades que tienen por objetivo la venta, la adquisición o el trueque de patrimonio cultural subacuático, impulsadas por la disponibilidad de tecnología de punta que facilita el descubrimiento del patrimonio cultural subacuático y el acceso al mismo, la UNESCO aprobó en París el 2 de noviembre de 2001 esta Convención que tiene por objeto garantizar y fortalecer la protección del patrimonio cultural subacuático.

Lo más destacable es la declaración según la cual el patrimonio cultural subacuático no será objeto de explotación comercial, así como la no aplicación al patrimonio cultural subacuático de las normas sobre salvamento y hallazgos, salvo autorización por las autoridades competentes. En tal sentido, los Estados parte tomarán medidas para impedir en su territorio el comercio y la posesión de patrimonio cultural subacuático exportado ilícitamente y/o recuperado, cuando tal recuperación sea contraria a la presente Convención, así como a adoptar las medidas destinadas a la incautación de elementos de patrimonio cultural subacuático situado en su territorio, que haya sido recuperado de una manera no conforme con la presente Convención. España ratificó la Convención el 25 de mayo de 2005.

En otra categoría de acuerdos internacionales, encontramos la Convención para la salvaguardia del patrimonio cultural inmaterial de 2003, con un destacado precedente en la Recomendación de la UNESCO sobre la salvaguardia de la cultura tradicional y popular de 1989, se aprobó el 17 de octubre de 2003, ante la evidencia de que los procesos de globalización y de transformación social traen consigo graves riesgos de deterioro, desaparición y destrucción del patrimonio cultural inmaterial. Esta Convención es el complemento de la Convención para la protección del patrimonio mundial cultural y natural de 1972, pues es evidente la profunda interdependencia que existe entre el patrimonio cultural inmaterial y el patrimonio material cultural y natural.

Según la Convención, el patrimonio cultural inmaterial lo constituyen los «usos, representaciones, expresiones, conocimientos y técnicas que las comunidades, los grupos y en algunos casos los individuos reconozcan como parte integrante de su patrimonio cultural». Este patrimonio cultural inmaterial, que se transmite de generación en generación, es recreado constantemente por las comunidades y grupos en función de su entorno, su interacción con la naturaleza y su historia, infundiéndoles un sentimiento de identidad y continuidad y contribuyendo así a promover el respeto de la diversidad cultural y la creatividad humana.

Sin llegar a establecer categorías ni clasificaciones cerradas, la Convención afirma que este patrimonio inmaterial se manifiesta particularmente en los siguientes ámbitos: a) tradiciones y expresiones orales, incluido el idioma como vehículo del patrimonio cultural inmaterial; b) artes del espectáculo; c) usos sociales, rituales y actos festivos; d) conocimientos y usos relacionados con la naturaleza y el universo; e) técnicas artesanales tradicionales.

De este modo, la definición de patrimonio cultural inmaterial lleva a toda manifestación cultural viva asociada a significados colectivos compartidos y con raigambre en una comunidad, en definitiva, la *«cultura»* en sentido antropológico, más allá de un simple enfoque folclorista. Asimismo, en el patrimonio cultural inmaterial no hay jerarquía alguna: todas las expresiones son valoradas por igual.

Los Estados parte deben adoptar las medidas necesarias para garantizar la *«salvaguardia»* del patrimonio cultural inmaterial presente en su territorio, entendiendo por *«salva-*

guardia» las medidas encaminadas a garantizar la viabilidad del patrimonio cultural inmaterial, comprendidas la identificación, documentación, investigación, preservación, protección, promoción, valorización, transmisión y revitalización de este patrimonio en sus distintos aspectos.

Para asegurar la identificación con fines de salvaguardia, cada Estado parte confeccionará, con arreglo a su propia situación, uno o varios inventarios del patrimonio cultural inmaterial presente en su territorio, que se actualizarán regularmente. Pero, además, cada Estado parte debe adoptar una política general encaminada a realzar la función del patrimonio cultural inmaterial en la sociedad, así como designar o crear uno o varios organismos competentes para la salvaguardia del patrimonio cultural inmaterial presente en su territorio.

Asimismo, de forma similar a la Convención de 1972, se crea una *«Lista representativa del patrimonio cultural inmaterial de la humanidad»*, que corresponde aprobar al Comité Intergubernamental para la Salvaguardia del Patrimonio Cultural Inmaterial, a propuesta de los Estados parte interesados. Y con objeto de adoptar las medidas oportunas de salvaguardia, el Comité creará, mantendrá al día una *«Lista del patrimonio cultural inmaterial que requiera medidas urgentes de salvaguardia»*, e inscribirá ese patrimonio en la Lista a petición del Estado parte interesado. Así, cabe recordar que el 16 de noviembre de 2010, la UNESCO acordó en Nairobi (Kenia) incluir en la Lista Representativa del Patrimonio Cultural Inmaterial de la Humanidad al flamenco, y en diciembre de 2012 a la fiesta de Los Patios de Córdoba.

Finalmente, con el principal precedente de la Declaración Universal sobre la Diversidad Cultural de 2001, el 20 de octubre de 2005 se aprobó la Convención para la protección y promoción de la diversidad de las expresiones culturales, cuyo principal impulsor fue Francia y que se adoptó con el voto en contra de EE. UU. Se trata del primer instrumento internacional de este tipo que reconoce el carácter singular de los bienes y servicios culturales, los cuales tienen desde luego una dimensión económica, pero también y sobre todo cultural, y que es ignorada por el liberalismo económico. Pero además se reconoce la diversidad cultural como un principio autónomo, no menos legítimo que el principio de la libertad de comercio, y no una simple excepción cultural.

De este modo, este instrumento internacional supone, sino un cambio de paradigma, sí al menos un alto frente a la lógica de la liberalización a ultranza, que se inspira exclusivamente en consideraciones comerciales. Dicho de otro modo, de lo que se trata es que la liberalización del comercio impuesta desde la OMC no se traduzca en la desaparición de las culturas nacionales y locales diversas a la hegemónica, ni en el desmantelamiento de las políticas públicas de apoyo a la creación.

Para ello, la Convención explicita las definiciones siguientes:

- Diversidad cultural: se refiere a la multiplicidad de formas en que se expresan las culturas de los grupos y sociedades. La diversidad cultural se manifiesta no sólo en las diversas formas en que se expresa, enriquece y transmite el patrimonio cultural de la humanidad mediante la variedad de expresiones culturales, sino también a través de distintos modos de creación artística, producción, difusión, distribución y disfrute de las expresiones culturales, cualesquiera que sean los medios y tecnologías utilizados.
- Contenido cultural: se refiere al sentido simbólico, la dimensión artística y los valores culturales que emanan de las identidades culturales o las expresan.
- Expresiones culturales: son las expresiones resultantes de la creatividad de personas, grupos y sociedades, que poseen un contenido cultural.
- Actividades, bienes y servicios culturales: se refieren a las actividades, los bienes y los servicios que, considerados desde el punto de vista de su calidad, utilización o finalidad específicas, encarnan o transmiten expresiones culturales, independientemente del valor comercial que puedan tener. Las actividades culturales pueden constituir una finalidad de por sí, o contribuir a la producción de bienes y servicios culturales.
- Industrias culturales: se refieren a todas aquellas industrias que producen y distribuyen bienes o servicios culturales.

Partiendo de esta especificidad de los bienes y servicios culturales, la Convención reconoce el derecho de los Estados parte a poner en práctica políticas públicas de apoyo a la expresión cultural, con objeto de asegurar una diversidad real de ésta. Las medidas que pueden adoptar los Estados para proteger y promover la diversidad de las expresiones culturales en sus respectivos territorios pueden consistir en:

- Medidas que brinden oportunidades, de modo apropiado, a las actividades y los bienes y servicios culturales nacionales.
- Medidas encaminadas a proporcionar a las industrias culturales independientes *nacionales* y las actividades del sector un acceso efectivo a los medios de producción, difusión y distribución de bienes y servicios culturales; medidas destinadas a conceder asistencia financiera pública.
- Medidas encaminadas a alentar a organizaciones sin fines de lucro, así como a entidades públicas y privadas, artistas y otros profesionales de la cultura, a impulsar y promover el libre intercambio y circulación de ideas, expresiones culturales y actividades, bienes y servicios culturales, y a estimular en sus actividades el espíritu creativo y el espíritu de empresa.
- Medidas destinadas a crear y apoyar de manera adecuada las instituciones de servicio público pertinentes.
- Medidas encaminadas a respaldar y apoyar a los artistas y demás personas que participan en la creación de expresiones culturales.
- Medidas destinadas a promover la diversidad de los medios de comunicación social, comprendida la promoción del servicio público de radiodifusión.

7.2. El Consejo de Europa

El Consejo de Europa, que reúne los 47 países del continente, es uno de los grandes precursores del patrimonio cultural como un instrumento de hermanamiento político entre los países miembros. Sus principales instrumentos normativos son las Cartas y Recomendaciones aprobadas por el Comité de Ministros y la Asamblea Parlamentaria, desprovistas de fuerza vinculante, y las Convenciones, éstas sí dotadas de valor vinculante para las partes, de acuerdo con el Derecho Internacional.

Como sucedía con la UNESCO, a menudo las cartas y recomendaciones son el antecedente de una Convención.

Pero también se utilizan las Recomendaciones para orientar la aplicación de un Convenio. Nos centraremos en las Convenciones y en las acciones más conocidas.

La primera norma aprobada en el seno de esta agrupación de Estados fue la Convención cultural Europa, firmada en París el 19 de diciembre de 1954 y ratificada por España en 1957, fue la primera gran Convención internacional en materia cultural. El Convenio (art. 5) obliga a cada parte contratante a considerar los objetos que tengan un valor cultural europeo que se encontraren colocados bajo su vigilancia como parte integrante del patrimonio cultural común de Europa, tomará las medidas necesarias para conservarlos y facilitará el acceso a los mismos. Se afirma así una suerte de territorio simbólico supranacional. Con todo, debido a su brevedad e imprecisión el nivel de compromiso es muy leve. Además, el Convenio (art. 2) trata de promover el conocimiento mutuo y común.

En tal sentido, cada Parte está obligada a fomentar entre sus súbditos el estudio de las lenguas, historia y civilización de las demás partes contratantes, y ofrecerá a estos últimos, en su territorio, facilidades tendente al desarrollo de tales estudios y se esforzará por fomentar el estudio de su lengua o de sus lenguas, de su historia y civilización en el territorio de las demás partes contratantes y por ofrecer a los súbditos de estas últimas la posibilidad de realizar semejantes estudios en su territorio.

En segundo lugar, con el precedente de la Carta Europea del Patrimonio Arquitectónico, adoptada por el Comité de Ministros del Consejo de Europa el 26 de septiembre de 1975, se acuerda el Convenio relativo a la Salvaguarda del Patrimonio Arquitectónico de Europa, el cual firma en Granada el 3 de octubre de 1985, y ratificado por España el 11 de abril de 1989. El Convenio obliga a cada Estado parte a identificar con precisión los monumentos, conjuntos arquitectónicos y sitios (entendiendo éstos por obras combinadas del hombre y de la naturaleza) susceptibles de ser protegidos, para lo cual cada Estado se compromete a realizar el inventario de los mismos y, en caso de amenazas graves sobre los bienes de que se trata, a establecer en el más corto plazo posible una documentación apropiada (art. 2). Asimismo, gracias a las tres décadas de experiencia del Convenio de 1954, este Convenio de 1985 prevé específicas obligaciones y un Comité de expertos con funciones de seguimiento de la aplicación del mismo.

En primer lugar, los Estados deben adoptar unos procedimientos legales de protección (art. 3): 1) a establecer un régimen legal de protección del patrimonio arquitectónico; 2) a asegurar, en el marco de dicho régimen y según modalidades propias de cada Estado o región, la protección de los monumentos, de los conjuntos arquitectónicos y de los sitios. Más aún, cada parte se compromete a (art. 4):

- Aplicar, en virtud de la protección jurídica de los bienes considerados, procedimientos de control y de autorización apropiados.
- Evitar que los bienes protegidos sean desfigurados, degradados o demolidos. En esta perspectiva cada Parte se compromete, si no ha sido ya hecho, a introducir en su legislación disposiciones que prevean.

El Convenio (art. 10) obliga en segundo lugar a adoptar una serie de políticas de conservación integrada a las partes a adoptar políticas de conservación integrada que:

- Sitúen la protección del patrimonio arquitectónico entre los objetivos esenciales de la ordenación del territorio y del urbanismo y que aseguren la toma en consideración de este imperativo en las diferentes fases de elaboración de los planes de ordenación del territorio y de los procedimientos de autorización de las obras.
- Promuevan programas de restauración y mantenimiento del patrimonio arquitectónico.
- Hagan de la conservación, animación y valoración del patrimonio arquitectónico un elemento prevalente de las políticas en materia de cultura, medio ambiente y ordenación del territorio.
- Favorezcan, cuando sea posible, en el marco del proceso de ordenación del territorio y del urbanismo, la conservación y utilización de los edificios cuya propia importancia no justificaría una protección en el sentido del artículo 3, párrafo 1, del presente Convenio, pero que presentan un valor de conjunto desde el punto de vista del ambiente urbano o rural o de un marco de vida.
- Favorezcan la aplicación y desarrollo de las técnicas y materiales tradicionales, indispensables para el futuro del patrimonio.

Más adelante, en 1992, se aprueba el Convenio para la protección del patrimonio arqueológico, el cual fue ratificado por España el 1 de marzo de 2011. Con un antecedente en la Recomendación relativa a la protección y mejora del patrimonio arqueológico en el contexto de las operaciones de ordenación urbana y rural, el objetivo del Convenio es la protección del patrimonio arqueológico como fuente de la memoria colectiva europea y como instrumento de estudio histórico y científico (art. 1). De modo similar al Convenio 1985, cada Parte se compromete a:

- El mantenimiento de un inventario de su patrimonio arqueológico y la calificación de monumentos y de zonas protegidas.
- La constitución de reservas arqueológicas, incluso cuando no existan vestigios aparentes en la superficie o bajo el agua, para la conservación de testimonios materiales que estudiarán futuras generaciones.
- La obligación del descubridor de poner en conocimiento de las autoridades competentes el descubrimiento fortuito de elementos del patrimonio arqueológico y de ponerlos a disposición para su examen.

Asimismo, las Partes asumen obligaciones específicas en relación con:

- Conservación integrada del patrimonio arqueológico.
- Financiación de la investigación y conservación arqueológica.
- Recopilación y difusión de la información científica.
- Sensibilización pública.
- Prevención de la circulación ilícita de elementos del patrimonio arqueológico.

Otro acuerdo europeo que marcó un hitó fue el firmado en 2000 para la protección del paisaje. Hecho en Florencia el 20 de octubre de 2000, entró en vigor el 1 de marzo de 2004, y fue ratificado por España el 6 de noviembre de 2007. El Convenio entiende por *«paisaje»* cualquier parte del territorio tal como la percibe la población, cuyo carácter sea el resultado de la acción y la interacción de factores naturales y/o humanos (art. 1). Compromete a las partes a (art. 5):

- Reconocer jurídicamente los paisajes como elemento fundamental del entorno humano, expresión de la diversidad de su patrimonio común cultural y natural y como fundamento de su identidad.

- Definir y aplicar en materia de paisajes políticas destinadas a la protección, gestión y ordenación del paisaje mediante la adopción de las medidas específicas sobre sensibilización, educación, identificación y calificación de los paisajes.
- Establecer procedimientos para la participación del público, las autoridades locales y regionales y otras partes interesadas en la formulación y aplicación de las políticas en materia de paisaje antes mencionadas.
- Integrar el paisaje en las políticas de ordenación territorial y urbanística y en sus políticas en materia cultural, medioambiental, agrícola, social y económica, así como en cualesquiera otras políticas que puedan tener un impacto directo o indirecto sobre el paisaje.

Finalmente, destacaremos el Convenio sobre el valor del patrimonio cultural para la sociedad de 2005. Esta Convención hecha en Faro el 27 de octubre de 2005, entró en vigor el 1 de diciembre de 2009. Supone la superación definitiva de la noción materialista del patrimonio cultural, al declarar que el *«patrimonio cultural»* constituye un conjunto de recursos heredados del pasado que las personas consideran, más allá del régimen de propiedad de los bienes, como un reflejo y una expresión de sus valores, creencias, saberes y tradiciones en continua evolución. Esto incluye todos los aspectos del entorno resultantes de la interacción en el tiempo, entre las personas y los lugares (art. 2).

Asimismo, se declara que una «comunidad patrimonial» se compone de personas que otorgan valor a los aspectos específicos del patrimonio cultural que quieren mantener y transmitir, en el marco de la acción pública, a las generaciones futuras. De este modo, el Convenio no se contenta con reconocer que la noción de patrimonio va más allá de la grandeza y la belleza, sino que también engloba todo aquello que reviste un sentido para la sociedad y para las comunidades particulares, y es precisamente a estas comunidades, a las que ese enfoque encarga de definir qué inscribir en el patrimonio. Se trata, sin duda, de un enfoque innovador del patrimonio que favorece la democratización, así se establecen previsiones en orden a la participación democrática (art. 12).

Asimismo, el Convenio obliga a las partes a promover el reconocimiento del patrimonio común de Europa, el cual engloba a todos los patrimonios culturales de Europa, constituyendo en su conjunto *«una fuente compartida de la memoria, la comprensión, la identidad, la cohesión y la creatividad, así como de los ideales, principios y valores, derivados de la experiencia adquirida a través del progreso y los conflictos del pasado, que deben de fomentar el desarrollo...»* (art. 3).

El Convenio obliga a las partes a reconocer que el derecho al patrimonio cultural es inherente al derecho a participar en la vida cultural, tal como es definido en la DUDH (art. 1). Por lo demás, el Convenio contiene previsiones específicas en torno al ejercicio del derecho al patrimonio cultural (art. 4), a las políticas públicas sobre el patrimonio cultural (art. 5), y a su armonización con las políticas de ordenación del territorio y medio ambiente (art. 8), así como a la necesidad de poner en valor el patrimonio cultural en tanto que factor de desarrollo económico sostenible (art. 10).

- Itinerarios culturales europeos: La iniciativa se inició en 1987 cuando se nombró el Camino de Santiago como primer Itinerario Cultural Europeo. El objetivo de los itinerarios culturales europeos es promover el conocimiento del patrimonio y la identidad europea sobre la base cultural común de proyectos transfronterizos desarrollados al largo plazo, convirtiendo el programa de itinerarios culturales en el catalizador de una nueva cohesión social europea, sin excluir las diferencias, y como herramienta para expandir el Turismo cultural. En la actualidad, se ordenan mediante la Resolución CM/Res 53, de 8 de diciembre de 2010, por la que se crea un Acuerdo Parcial Ampliado sobre Itinerarios Culturales del Consejo de Europa.
- Organización: Se prevé que un Consejo de Gobierno sea responsable del buen funcionamiento de los Itinerarios Culturales. Sus principales tareas son, pues, la elección de nuevos Itinerarios Culturales y la evaluación de los ya existentes. Está compuesto por un miembro de cada uno de los Estados parte en el Acuerdo Parcial Ampliado y por sendos representantes de la Comisión y del PEs. El Instituto Europeo de Itinerarios Culturales con sede en Luxemburgo ejerce la Secretaría Ejecutiva del Consejo de Gobierno.
- Criterios: En primer lugar, el tema de cada Itinerario debe ser representativo, esto es reflejar o explicar la diversi-

dad cultural del continente europeo y ser entendible por diferentes grupos sociales y culturales. Por otro lado, el tema ha de ser aprobado consensualmente por expertos de varias disciplinas, que garanticen el rigor científico del Itinerario que se prevé crear. En segundo lugar, el cada Itinerario Cultural debe trabajar en estas cinco direcciones: a) la cooperación; b) la puesta en valor de la memoria, la historia y el patrimonio europeos, respetando las diferencias territoriales, étnicas y culturales; c) el intercambio de experiencias educativas y la concienciación de los jóvenes con el patrimonio común de los pueblos de Europa; d) el apoyo a la creación artística contemporánea y a una oferta cultural diversificada y accesible.

- Candidaturas: Cada Itinerario Cultural debe presentar un proyecto conjunto que contenga los objetivos, los métodos para alcanzarlos, la lista de los socios y de los Estados implicados o potenciales, los campos de actuación prioritarios a corto y largo plazo.
- Jornadas europeas de patrimonio: Organizadas por iniciativa del Consejo de Europa en colaboración con la UE, el objetivo de las Jornadas Europeas de Patrimonio (JEP) es múltiple: sensibilizar, fomentar la valoración del rico mosaico que componen las culturas europeas, fomentar el diálogo intercultural, combatir el racismo y la xenofobia y favorecer una mayor tolerancia en Europa.

7.3. La UE

El fundamento de la acción de la UE en el ámbito de la cultura, como en cualquier otro sector, radica en los Tratados constitutivos. Sin embargo, aun cuando es innegable que la cultura se halla en el centro del proyecto europeo y es el elemento en que se basa el concepto de *«la unidad en la diversidad»* de la UE, hasta fechas relativamente recientes los Tratados constitutivos, volcados en la economía y el comercio, no reconocían a las instituciones comunitarias una competencia en materia cultural, de modo que su acción se desarrolló a partir de la cooperación voluntaria de los Estados miembros. Sólo tras el Tratado de la UE de 1992, y al hilo de la recepción de la noción de ciudadanía europea, se incluyó un Título relativo a la Cultura.

En su redacción vigente, el Tratado de Funcionamiento de la UE (art. 167, antiguo artículo 151 TCE, consolidado según el Tratado de Lisboa establece lo siguiente:

> «1. La Unión contribuirá al florecimiento de las culturas de los Estados miembros, dentro del respeto de su diversidad nacional y regional, poniendo de relieve al mismo tiempo el patrimonio cultural común.
>
> La acción de la Unión favorecerá la cooperación entre Estados miembros y, si fuere necesario, apoyará y completará la acción de éstos en los siguientes ámbitos:
>
> La mejora del conocimiento y la difusión de la cultura y la historia de los pueblos europeos,
>
> la conservación y protección del patrimonio cultural de importancia europea,
>
> los intercambios culturales no comerciales,
>
> la creación artística y literaria, incluido el sector audiovisual.
>
> La Unión y los Estados miembros fomentarán la cooperación con los terceros países y con las organizaciones internacionales competentes en el ámbito de la cultura, especialmente con el Consejo de Europa.
>
> La Unión tendrá en cuenta los aspectos culturales en su actuación en virtud de otras disposiciones del presente Tratado, en particular a fin de respetar y fomentar la diversidad de sus culturas.
>
> Para contribuir a la consecución de los objetivos del presente artículo:
>
> El PE y el CUE, con arreglo al procedimiento legislativo ordinario y previa consulta al Comité de las Regiones, adoptarán medidas de fomento, con exclusión de toda armonización de las disposiciones legales y reglamentarias de los Estados miembros,
>
> El CUE adoptará, a propuesta de la Comisión, recomendaciones».

Por lo tanto, y a diferencia de otros sectores, la cultura ha sido y es, fundamentalmente una responsabilidad de los Estados miembros. Por ello el papel de la UE, con pleno respeto del principio de subsidiariedad de los Estados miembros, se centra apoyar y complementar, pero no reemplazar, las acciones de los Estados miembros, respetando su diversidad y estimulando los intercambios, el diálogo y la comprensión mutua.

Pero, además, como se ha visto, el Tratado excluye expresamente la armonización de la legislación y las normativas de los Estados miembros y, por esta razón, no existen Reglamentos o Directivas comunitarias vinculantes en materia de cultura, salvo en materia de tráfico de bienes culturales, en la cual justamente la competencia sobre el mercado común permite esta armonización[34].

Además, desde el Tratado de Maastricht de 1992, las consideraciones culturales también se tienen en cuenta en las ayudas estatales: *«Podrán considerarse compatibles con el mercado común [...] las ayudas destinadas a promover la cultura y la conservación del patrimonio, cuando no alteren las condiciones de los intercambios y de la competencia en la Comunidad en contra del interés común»* (art. 137.3.d Tratado de funcionamiento, antiguo artículo 87).

Tras el fracaso del proyecto constitucional europeo en 2005, que puso en evidencia determinadas carencias de la UE, sobre todo en términos de ciudadanía, se inició un proceso de reflexión sobre las posibilidades y funciones que podría desempeñar la cultura para superar estos problemas de la UE, identificando vías y ámbitos de acción para permitir que la cultura pasara a ser un elemento sustancial de la identidad y de la ciudadanía europeas.

La Agenda Europea para la Cultura fue aprobada por el Consejo de Ministros de Cultura mediante resolución de 16 de noviembre de 2007, y por el PE en su Resolución de 10 de abril de 2008. Con la Resolución del Consejo de Ministros sobre la Agenda Europea para la Cultura se establece, por primera vez en el ámbito de la cultura, el compromiso político de los Estados Miembros de diseñar una estrategia de acción cultural europea, que persigue tres objetivos estratégicos mediante una cooperación con las autoridades nacionales, el diálogo con el sector cultural y la integración de la cultura en otras políticas de la UE. En tal sentido, se definen tres acciones:

- La promoción de la diversidad cultural y el diálogo intercultural.

34 Descartadas normas vinculantes, la acción comunitaria se desenvuelve mediante instrumentos normativos más «suaves», como recomendaciones, programas y convocatorias de ayudas, fomento e intercambio de buenas prácticas y diálogo sobre políticas para y entre las autoridades culturales europeas, refuerzo de la cooperación entre Estados, etc.

- La promoción de la cultura como catalizador de la creatividad, en el marco de la Estrategia de Lisboa para el Crecimiento, el empleo, la innovación y la competitividad. Se trata aquí de abordar ICC y la contribución de la inversión estratégica en cultura al desarrollo local y regional.
- La promoción de la cultura como un elemento vital de las relaciones internacionales de la UE. En su calidad de parte de la Convención de la UNESCO sobre la protección y promoción de la diversidad de las expresiones culturales, la UE tiene el compromiso de integrar la dimensión cultural en sus relaciones con las regiones y los países socios.

Para apoyar la cooperación, la Agenda introdujo también métodos de trabajo que suponían una novedad en el ámbito de la cultura implementando un *«Método Abierto de Coordinación»*, como nuevo modo global de cooperación en el ámbito de la cultura. Sin duda ofrece un marco flexible y no vinculante y fomenta el intercambio de buenas prácticas, así como un diálogo más estructurado con la sociedad civil en el ámbito de la cultura mediante varias plataformas de discusión e intercambio.

Dentro de las 5 prioridades que la Agenda se marcó, destaca la segunda, en virtud de la cual un grupo de trabajo desarrollará guías políticas y manuales de buenas prácticas sobre, entre otros aspectos el uso de mecanismos europeos de apoyo para fomentar el papel de la cultura en el desarrollo local y regional, así como los efectos inducidos de la cultura en la economía. La Comisión trabajará en la implementación de las actuaciones definidas en el *«Libro Verde sobre el potencial de las ICC»*, así como en la creación de una *«Alianza europea de industrias creativas»*. Además, fomentará el desarrollo del turismo cultural y su gestión sostenible para el desarrollo socioeconómico de Europa[35].

Sin embargo, los sectores cultural y creativo no aprovechan al máximo el mercado único. Uno de los mayores

35 Estas medidas se han venido programando a través de los llamados programas culturales plurianuales. Estos programas, junto con el *Media y Media Mundus*, se han substituido por el vigente Programa Europa Creativa. Un ambicioso programa aprobado por Reglamento Europeo 1295/2013 del PE y del CUE que cuenta con un presupuesto de 1.460.000.000 € para el período 2014-2020.

desafíos a los que se enfrenta el sector es la fragmentación del mercado, vinculada a la existencia de diferentes tradiciones culturales e idiomas: la UE cuenta con 24 lenguas oficiales, 3 alfabetos y aproximadamente 60 lenguas regionales y minoritarias reconocidas. Esta diversidad es parte del rico mosaico europeo, pero socava tanto los esfuerzos de los autores por llegar a lectores de otros países, como los deseos de los espectadores de cine o de teatro de asistir a la proyección o la puesta en escena de obras extranjeras, o el interés de los músicos por conseguir nuevo público.

Dentro de otro proyecto, el Subprograma Cultura de la UE, encontramos una serie de prioridades en el ámbito del refuerzo de la capacidad de los sectores cultural y creativo para operar de manera transnacional. Esas prioridades son las siguientes:

- Apoyar las acciones que doten a los agentes culturales y creativos de cualificaciones, competencias y conocimientos técnicos que contribuyan a potenciar los sectores cultural y creativo, incluso mediante el fomento de la adaptación a las tecnologías digitales, el ensayo de enfoques innovadores en materia de desarrollo de audiencia y el ensayo de nuevos modelos de negocio y de gestión.
- Apoyar acciones que permitan a los agentes culturales y creativos cooperar en el plano internacional y dar una vertiente internacional a sus carreras profesionales y actividades dentro de la UE y fuera de ella, basándose cuando sea posible en estrategias a largo plazo.
- Dar apoyo al fortalecimiento de las organizaciones culturales y creativas europeas y del establecimiento de redes internacionales con el fin de facilitar el acceso a las oportunidades profesionales.
- Apoyar las giras, los eventos, las exposiciones y los festivales internacionales.
- Apoyar la circulación de la literatura europea con vistas a garantizar una accesibilidad lo más amplia posible.
- Apoyar el desarrollo de la audiencia como medio para estimular el interés por las obras culturales y creativas europeas y mejorar el acceso a las mismas y al patrimonio cultural material e inmaterial.

Finalmente, como consecuencia del impulso del mercado interior y sus repercusiones en el tráfico ilícito de bienes culturales, las instituciones comunitarias adoptaron a principios de los 90 dos actos legislativos para el control en el tráfico de bienes culturales, fundamentos en la competencia sobre el mercado interior.

En primer lugar, en 1992 se aprobó un reglamento relativo a la exportación de bienes culturales, sustituido en la actualidad por el Reglamento 116/2009 del CUE, de 18 de diciembre de 2008, relativo a la exportación de bienes culturales. En sustancia, la exportación de bienes culturales fuera del territorio aduanero de la UE estará supeditada a la presentación de una autorización de exportación.

Por otra parte, se aprobó la Directiva 93/7/CEE del CUE, de 15 de marzo de 1993, relativa a la restitución de bienes culturales que hayan salido de forma ilegal del territorio de un Estado miembro. Esta norma se refiere a los bienes culturales clasificados como *«tesoros nacionales con valor artístico, histórico o arqueológico»,* de conformidad con la legislación o los procedimientos administrativos nacionales, siempre que pertenezcan a alguna de las categorías que señala y que formen parte integrante de colecciones públicas que figuren en los inventarios de museos, archivos o fondos de conservación de bibliotecas, o en los de instituciones eclesiásticas.

La Directiva se aplicará a partir del momento en que los bienes en cuestión hayan abandonado de manera ilegal el territorio de un país de la UE, es decir, infringiendo la legislación en él en vigor o las condiciones para la concesión de una autorización temporal. Por consiguiente, un bien cultural se deberá restituir tanto en el caso de que haya sido trasladado dentro de la UE como si ha sido exportado primero a un tercer país para reimportarlo seguidamente en otro país de la UE[36].

Las autoridades centrales de cada país de la UE deberán: a) buscar el bien cultural que haya salido ilegalmente del territorio de un país de la UE, e identificar al poseedor o tenedor del mismo; b) notificar a los países de la UE el des-

---

36 El derecho de presentar una demanda de restitución queda exclusivamente reservado a los países de la UE. El propietario privado de un bien cultural no puede iniciar contra el poseedor más acciones que las previstas por el derecho común. La demanda de restitución prescribe en un plazo de un año a partir de la fecha en la que el país de la UE demandante haya tenido o haya debido tener conocimiento de la localización del bien o de la identidad de su poseedor o tenedor.

cubrimiento de bienes culturales en su propio territorio, si existen motivos para suponer que dichos bienes han salido de forma ilegal del territorio de otro país de la UE; c) permitir al país de la UE determinar en los dos meses siguientes a la notificación si se trata de un bien cultural al que puede aplicarse la Directiva; d) adoptar las medidas necesarias para la conservación material del bien cultural; e) evitar que se eluda el procedimiento de restitución.

Los tribunales del país de la UE requerido serán los únicos competentes para ordenar la restitución del bien al país de la UE requirente en caso de negativa del poseedor o del tenedor a deshacerse de éste. La carga de la prueba se regirá también por la legislación del país de la UE requerido.

Finalmente, la seguridad jurídica impone que, en cualquier caso, la acción en restitución prescriba en un plazo de treinta años a partir de la fecha en la que el bien cultural haya salido ilegalmente del territorio del país de la UE demandante, salvo que los bienes formen parte de colecciones públicas o sean bienes eclesiásticos, pues entonces el plazo depende de la legislación nacional o de acuerdos bilaterales entre países de la UE.

PARTE III

PROPIEDAD INTELECTUAL Y DEFENSA DE LA COMPETENCIA

CAPÍTULO 8

DERECHO DE LA COMPETENCIA

Todo empresario fundamenta su actividad en la CE por el derecho a la libertad de empresa. En este sentido, la tutela de la competencia constitucional en el sistema de libre mercado competencia estatal. La competencia, tiene una doble regulación, por un lado, la *«libre iniciativa empresarial que conlleva una libre competencia en relación a los competidores en un mercado»* (art. 38 CE), y en un segundo término se pretende regular la competencia en los mercados con prácticas desleales que persigan la finalidad de perjudicar a sus competidores para hacerse con clientela ajena.

Definimos competencia como el proceso por el que se asegura que toda manifestación de la función empresarial tenga lugar en el mercado sin impedimentos, pues un mercado sin competencia no es un mercado. La competencia es por tanto la institución que posibilita el funcionamiento del mercado. Nuestro ordenamiento jurídico posee dos disposiciones que promulgan estas instituciones, primero la Ley 15/2007 de Defensa de la Competencia y en segundo lugar la Ley 3/1991 de Competencia desleal, actualizada a la Ley 29/2009. La primera protege la libre competencia del mercado y la segunda ley regula las prácticas que perjudican esta.

La LDC se divide en 6 títulos y posee 81 artículos, los cuales se estructuran en el siguiente índice: TÍTULO I. *De la defensa de la competencia*; TÍTULO II. *Del esquema institucional para la aplicación de esta Ley*; TÍTULO III. *De la CNMC Competencia*; TÍTULO IV. *De los procedimientos*; TÍTULO V. *Del régimen sancionador*; TÍTULO VI. *De la compensación de los daños causados por las prácticas restrictivas de la competencia.* La LDC además se desarrolla en el Reglamento 261/2008, cuya novedad es la creación de la CNMC como órgano competente en la materia. En este texto normativo encontramos también las conductas prohibidas y por otro el control de las concentraciones y revisión de la CNMC.

Las conductas perseguidas son esencialmente tres: Las prácticas colusorias (art 1.1 acuerdo empresarial hecho para restringir la competencia del mercado), abuso de posición dominante (art. 2) y otras prácticas anti-trust. De las prácticas colusorias hemos de empezar indicando que los acuerdos pueden ser decisiones, recomendaciones colectivas, prácticas concertadas o paralelas. La primera es que se fijen precios o condiciones comerciales de forma directa o indirecta (que se limite la producción, inversión o desarrollo técnico, un ejemplo sería ocupar la fibra óptica dos o tres compañías limitando a las demás, imponer precios muy bajos que algunos agentes no puedan aguantar, etc.).

Otra práctica colusoria o concertada es que el acuerdo suponga un reparto del mercado o fuentes de aprovechamiento. También se considera ilegal que ese acuerdo suponga condiciones distintas para situaciones iguales y por último encontraríamos los contratos a prestaciones supletorias que no guardan relación con el objeto del contrato. Cualquiera de estos supuestos es nulo de pleno derecho salvo que puedan aplicarse unas excepciones[37].

La segunda situación es la posición de dominio o abuso de posición dominante. Cuando una empresa abusa de su posición predominante respecto al resto, realiza prácticas desleales afectando a la competencia en una actuación a una parte o a todo el mercado. En el art. 2 LDC se dice que estos actos son:

a) La imposición, de forma directa o indirecta, de precios u otras condiciones comerciales o de servicios no equitativos.

37 1- Que el acuerdo contribuya a mejorar la comercialización y distribución de los bienes o el progreso técnico o económico.
2- Que ese acuerdo cumpla las condiciones de un acuerdo comunitatio.
3- Que traiga su causa en un acuerdo del gobierno reflejando en un real decreto siempre que así lo haya confirmado el consejo de Defensa de la Competencia y la CNMC.

b) La limitación de la producción, la distribución o el desarrollo técnico en perjuicio injustificado de las empresas o de los consumidores.

c) La negativa injustificada a satisfacer las demandas de compra de productos o de prestación de servicios.

d) La aplicación, en las relaciones comerciales o de servicios, de condiciones desiguales para prestaciones equivalentes, que coloque a unos competidores en situación desventajosa frente a otros.

e) La subordinación de la celebración de contratos a la aceptación de prestaciones suplementarias que, por su naturaleza o con arreglo a los usos de comercio no guarden relación con el objeto de dichos contratos.

En tercer lugar, desarrollamos el falseamiento y antitrust (art. 3 LDC, falseamiento de la libre competencia por competencia desleal). La CNMC o los órganos competentes de las CC. AA. conocerán en los términos que la presente Ley establece para las conductas prohibidas, de los actos de competencia desleal que por falsear la libre competencia afecten al interés público. Estas conductas son el falseamiento de documentos, actos desleales y otros que producen un perjuicio de tal magnitud que afectan al interés público, no solo a los consumidores. Si el acto no afecta al interés público el caso lo resuelve el juzgado de lo mercantil que corresponda.

Hay tres excepciones a este respecto (arts. 4, 5 y 6): La primera es que derive de la aplicación de una ley o una norma comunitaria; que la conducta sea de menor importancia y que afecte a menos de un 10-15 %; y la tercera es que esta práctica se lleve a cabo porque así lo precise el interés público. En consejo de la CNMC de oficio considera si la conducta está dentro de las prohibiciones o no.

De las concentraciones empresariales, regulado en el arts. 8 y ss., hemos de subrayar que son legales, salvo que como consecuencia de ella se adquiera una cuota de mercado igual o superior al 30 % de ese mercado o bien que, como resultado de ello, el volumen global del negocio de las participantes supere en el último ejercicio contable los 240.000.000 € siempre que al menos dos de los participantes en la concentración superen por si solos 60.000.000 €.

Por ello, antes de realizar una concentración se tiene que notificar a la CNMC, luego empezaría un procedimiento administrativo que culminará con la autorización o no de la misma. Por ello antes se requiere una resolución expresa de la CNMC. Si no se permite la concentración o no se notifica, se está infringiendo una norma administrativa. Si se notifica y no se resuelve, el silencio administrativo es negativo.

Si nos referimos a la CNMC la hemos de definir como un órgano mercantil adscrito al Ministerio de Economía, pero independiente tanto en sus funciones como en su estructura. Se somete a la LDC y al resto del ordenamiento jurídico aplicable. El órgano se conforma con un director o presidente, el consejo y la dirección de investigación. Sus principales funciones son:

- Aplicación de la LDC.
- Control de las concentraciones.
- Aplicación de normas comunitarias.
- Funciones de arbitraje.
- Competencias consultivas.

A renglón seguido, pasaremos a comentar sucintamente la LCD. Su objetivo principal es proteger y ofrecer una tutela al mercado en beneficio de los sujetos que actúen en ese mercado con una doble prohibición: **la de cualquier conducta desleal y la de cualquier actividad publicitaria ilícita** (Ley General de la Publicidad).

La Ley, breve, es un texto dividido en 5 capítulos y 39 artículos dispuestos de la siguiente manera: CAPÍTULO I. *Disposiciones Generales* (finalidad, Ámbito objetivo...); CAPÍTULO II. *Actos de competencia desleal* (actos de engaño, confusión, imitación, comparación, denigración, venta a pérdida, publicidad ilícita, omisiones engañosas, prácticas agresivas...); CAPÍTULO III. *Prácticas comerciales con los consumidores o usuarios* (prácticas comerciales desleales con los consumidores, prácticas señuelo, venta piramidal, acoso...); CAPÍTULO IV. *Acciones derivadas de la competencia desleal* (acciones, prescripción, etc.); CAPÍTULO V. *Códigos de conducta*.

Su ámbito de aplicación objetivo son los actos desleales siempre que cumplan el doble requisito de que se realicen en un mercado determinado y con una pretensión de hacer competencia, se ejecute al final o no. Su ámbito subjetivo se extiende a la aplicación a las empresas, profesionales, gestores empresariales como nosotros y otros sujetos físicos o jurídicos que participen en el mercado, no siendo necesario que entre el sujeto activo y el pasivo medie una relación de competencia en un sentido estricto.

Las prohibiciones de esta legislación merecen mención. Primero hay prohibición general de deslealtad, para luego recoger una serie de supuestos desleales. La cláusula general es de tipo residual (art. 4 LCD) *«se reputa desleal todo comportamiento que resulte objetivo/contrario a las exigencias de la buena fe».* El art. 4 matiza que es desleal solo si se realiza con los consumidores o usuarios. Entenderemos por tanto que será desleal todo comportamiento del empresario que se haga contraviniendo la diligencia profesional y afecte al comportamiento del consumidor o usuario medio[38] de ese mercado.

Los actos de competencia desleal pueden ser en contra del mercado o en contra del empresario. Los actos de competencia desleal en contra del empresario son:

- Denigración: Es la difusión de manifestaciones sobre la actividad, prestaciones o establecimiento de un tercero que menoscaben su crédito en el mercado salvo que sean verdaderas, exactas y pertinentes.
- Comparación: Es la comparación de actividades, prestaciones o establecimiento propio o ajeno con los de un tercero cuando se refiera a extremos ni relevantes ni comprobables ni análogos.
- Imitación: Imitar prestaciones e iniciativas de un tercero cuando los consumidores puedan asociar tales actos a la prestación de ese tercero o aprovechándose indebidamente de la reputación de ese tercero.
- Aprovechamiento indebido de situaciones ventajosas.
- Violación de secretos industriales o empresariales de otra persona de forma ilícita.
- Inducción a trabajadores, proveedores y clientes a la infracción de un contrato cuando tenga por objeto la difusión, explotación de un secreto industrial o empresarial o acompañen circunstancias como el engaño, la intención de eliminar a un competidor....

38 El consumidor medio lo ha definido el Tribunal de Justicia de la UE como aquel consumidor atento y perspicaz.

Por otro lado, los actos de competencia desleal en contra del mercado o contrarios al buen funcionamiento del mercado en general son:

- Confusión: Con la actividad, prestaciones o establecimiento ajeno.
- Engaño: A las personas a las que se dirige.
- Entrega de obsequios: Con fines publicitarios que pongan al consumidor en el compromiso de contratar la prestación principal.
- Discriminatorios: Con los consumidores sin causa justificada.
- Venta por debajo de precio de adquisición: Confundiendo al consumidor del nivel de precios de otros productos del mismo establecimiento o encaminándose a eliminar competidores.

Ante estas actitudes, existen mecanismos de defensa ante un acto desleal. Estos mecanismos son instrumentos para protegernos por medio de la jurisdicción mercantil interponiendo una de las acciones que correspondan:

- Acción declarativa: El Juez se pronuncia sobre la lealtad o no del acto.
- Acción de cesación: Cuando se pretende que la conducta desleal se cese o prohíba si se va a realizar.
- Acción de remoción de los efectos: Ocasionador por el acto desleal que supone volver a la situación inicial.
- Rectificación de la conducta desleal normal por engaño.
- Resarcimiento de daños: Prácticas engañosas, que confundan u omisiones engañosas.

Para estas acciones está legitimada cualquier persona que sufra un acto desleal en el mercado europeo. Huelga decir que tan culpable será el que realiza dicho acto como el que le induzca, coopere, medie, etc. Respecto a la prescripción de estas conductas, la ley establece dos plazos: O un año desde que se pueda ejercitar y el perjudicado conoce el autor de la conducta desleal o tres años desde que finaliza la conducta, aunque también se usan aparte las previsiones específicas de la Ley de Defensa de los Consumidores y Usuarios.

Por último, antes de interponer acciones puede solicitarse al juez correspondiente las diligencias (actuaciones previas) con la finalidad de comprobar los hechos cuyo conocimiento resulte objetivamente necesario respecto del juicio posterior. Finalmente, mencionar la existencia al respecto de una justicia administrativa, que no es justicia ordinaria, se ha implementado por medio de la creación de la CNMC, antiguo Tribunal de Defensa de la Competencia. Es un órgano que se encarga de resolver situaciones en donde se viole el principio de leal y libre competencia. También se ocupa de perseguir aquellos que desarrollan prácticas prohibidas. Y también se encarga de resolver actos de competencia desleal, otorga autorizaciones y hace informes.

CAPÍTULO 9

PROPIEDAD INTELECTUAL

Nuestra norma fundamental, en su Título I, Capítulo II, Sección 1.ª, art. 20. 1. B CE, reconoce y protege el derecho a la producción y creación literaria, artística, científica y técnica, es decir, ampara el acto creador y junto con los derechos al honor y a la propiedad privada configuran el perfil constitucional del derecho a la PI.

El Cc, por su parte, asegura también la protección de los derechos de PI e industrial dentro del territorio español, de acuerdo con la ley española, sin perjuicio de lo establecido por los convenios y tratados internacionales en los que España sea parte. Concretamente, en sus arts. 428 y 429 Cc establecen que *«el autor de una obra literaria, científica o artística tiene el derecho de explotarla y disponer de ella a su voluntad»,* siendo la ley sobre PI la que *«determina las personas a quienes pertenece ese derecho, la forma de su ejercicio y el tiempo de su duración».*

De manera más específica, los verdaderos pilares de la regulación sobre PI en España son el Real Decreto Legislativo 1/1996, de 12 de abril, por el que se aprueba el texto refundido de la Ley de PI y su posterior modificación, materializada en la Ley 23/2006. Esta Ley posee 4 libros y un total de 203 artículos.

El Real Decreto 1/1996 nació para regular, aclarar y armonizar todas las disposiciones legales anteriores, derogando con ello la extinta Ley de PI de 1987. Su aprobación sirvió para resolver la incipiente problemática planteada por las nuevas tecnologías (falsificación, derechos de autor...) y para controlar la actividad de las entidades de gestión de los derechos de PI, legitimadas para actuar en toda clase de procedimientos administrativos o judiciales.

La LEY 23/2006, de 7 de julio, por la que se modifica el texto refundido de la Ley de PI del 96 surgió, como su propio preámbulo indica, para responder a la necesidad de incorporar al derecho español la Directiva 2001/29/CE del PE y del CUE, relativa a la armonización de determinados aspectos de los derechos de autor en la Sociedad de la Información y acorde a los Tratados de la Organización Mundial de la PI (OMPI) de 1996.

Entre otras reformas, esta ley vigente restringe la copia privada al ámbito doméstico, regula la instalación de modernas medidas anticopia y adapta los conceptos tradicionales al nuevo entorno social y tecnológico del s. XXI. Una de sus novedades más destacables es el reconocimiento del *«derecho de puesta a disposición interactiva»,* en virtud del cual cualquier persona puede acceder a las obras desde el lugar y en el momento que elija.

También fija la figura de la Comisión de PI como órgano arbitral, dependiente del Gobierno, encargado de resolver conflictos entre entidades y de actuar contra la vulneración de los derechos de autores y usuarios. Pero el aspecto más controvertido de esta nueva regulación es, sin duda, el establecimiento de un canon para soportes digitales: una cantidad fija que las entidades de gestión de derechos de autor (como la SGAE) cobran como compensación por las copias privadas que el consumidor realiza de los materiales sujetos a PI.

En la nueva legislación se ofrece en su art. 2 una definición importante: *«la PI está integrada por derechos de carácter personal y patrimonial, que atribuyen al autor la plena disposición y el derecho exclusivo a la explotación de la obra, sin más limitaciones que las establecidas en la Ley».* Se recoge así en esa frase dos prerrogativas básicas como lo son la vinculación intelectual inherente al autor por la creación de su propia obra y por otro lado el correspondiente disfrute de los beneficios varios que ésta produzca.

La titularidad de la PI está directamente relacionada con tres elementos: sujeto, objeto y contenido.

- El sujeto se corresponde con la titularidad o autoría, entendiendo por autor la persona natural que crea alguna obra literaria, artística o científica. No obstante, la ley permite que, bajo determinadas circunstancias, ciertas personas distintas al autor inicial sean cesionarias de los derechos de PI. El autor son los que ejecutan, los ideólogos, los artistas que leen, recitan o presentan una obra en cualquier forma. Sobre ellos recaen, por ejemplo, derechos relacionados con la fijación de sus actuaciones y con la reproducción, distribución o explotación de éstas. La ley contempla asimismo la coautoría, que tiene lugar cuando dos o más personas intervienen en la creación de una obra. Pueden darse diferentes supuestos:

- Obra en colaboración, resultado unitario del trabajo conjunto de varios autores. Los derechos de PI corresponden a todos en la proporción que ellos determinen.
- Obra colectiva, preparada, coordinada y difundida por una persona a partir de contribuciones de diferentes autores, fundidas en una creación única y autónoma, sin diferenciar partes. Salvo pacto en contrario, los derechos sobre la obra corresponderán a la persona que la edite y divulgue bajo su nombre.
- Obra compuesta u obra nueva que incorpora alguna obra preexistente, sin la colaboración del autor de esta última, aunque con su necesaria autorización. Al margen de los derechos que correspondan a tal autor, la obra resultante se considera independiente, recayendo sobre el compilador los derechos pertinentes.
- Obra derivada, basada en otra existente, ya que, sin perjuicio de los derechos de autor sobre la obra original, también son objeto de PI las traducciones, adaptaciones, revisiones, actualizaciones, resúmenes, arreglos musicales, etc.
- Obras audiovisuales, cuya elaboración implica la participación de varias personas: director-realizador, autor del argumento, adaptador, guionista y compositor musical. Por contrato, el productor se convierte en el cesionario de los derechos, sin perjuicio de los que correspondan a los coautores por la difusión pública de la obra.

– El objeto se refiere a las obras intelectuales en sí, es decir, a las creaciones originales literarias, artísticas o científicas expresadas por cualquier medio o soporte, tangible o intangible, actualmente conocido o que se invente en el futuro. Son objeto de PI, entre otros, los libros, folletos, impresos, composiciones musicales, obras teatrales, obras audiovisuales, esculturas, pinturas, dibujos, proyectos, planos, mapas, obras fotográficas o programas de ordenador.

- El contenido alude a las facultades o prerrogativas que se conceden a los autores sobre sus obras. Se trata de una serie de DDFF, que la ley divide en dos grupos:
  - Derechos personales o morales. Son irrenunciables e inalienables para el autor y se encuentran al margen del ámbito económico o comercial. Pueden resumirse en: Derecho de divulgación; Derecho a determinar si tal divulgación ha de hacerse con su nombre, bajo seudónimo o signo, o anónimamente; Derecho a exigir el reconocimiento de su condición de autor, cuando la obra se cite con fines docentes o de investigación; Derecho a la integridad de la obra; Derecho a modificar su obra; Derecho a retirar la obra del comercio, previa indemnización por daños y perjuicios a terceros; Derecho a acceder al ejemplar único o raro de su obra, cuando se halle en poder de otro.
  - Derechos patrimoniales. Son los que reportan al autor beneficios económicos derivados de su obra. Puede distinguirse entre derechos de explotación y en otros derechos a percibir una participación por la reventa en subasta pública de obras plásticas o el derecho de compensación por copia privada. Los derechos de explotación se refieren a aquellos relacionados con la reproducción, distribución, comunicación pública que no podrán llevarse a cabo sin su autorización, salvo en los casos que se prevean. El art. 37 por ejemplo de la ley reza que cuando se realicen sin finalidad lucrativa por museos, bibliotecas, fonotecas, filmotecas, hemerotecas y similares con fines exclusivos de investigación.

Por otro lado, hemos de conceder una mención a la duración de los derechos de autor. Los derechos morales son de por vida para el autor. A su fallecimiento, el ejercicio de estos corresponde, sin límite de tiempo, a la persona natural o jurídica elegida expresamente por disposición de última voluntad. En su defecto, corresponde a los herederos. En el caso de obras no divulgadas en vida del autor, las personas señaladas, y en el mismo orden, gozarán de un plazo de sesenta años para hacerlo desde que se produjo el deceso.

Cuando no existan herederos, o se ignore su paradero, el Estado, las CC. AA., las corporaciones locales y las instituciones públicas de carácter cultural estarán legitimadas para ejercer dichos derechos. Los derechos de explotación perduran también durante toda la vida del autor y 60 años después de su muerte, pudiendo ser transmitidos por actos inter vivos, es decir, mediante contrato, o mortis causa, es decir, mediante testamento o herencia. Una vez extinguidos, pasan a dominio público.

Hoy día las entidades de gestión de derechos de PI, suponen un agente económico de importancia en el sector. Son aquellas entidades legalmente constituidas, sin ánimo de lucro y debidamente autorizadas, que poseen su correspondiente publicación en el BOE. Se dedican, en nombre propio o ajeno, a administrar los derechos de explotación u otros de carácter patrimonial, por cuenta y en interés de los autores o titulares legítimos de las obras.

El CEDRO destaca en este plano, siendo la asociación que gestiona los derechos de PI de los autores y editores españoles, promoviendo el uso y difusión legal de sus obras. Fue reconocido en 1988 por el Ministerio y, desde entonces, no ha dejado de trabajar por conseguir el equilibrio necesario entre el derecho de los ciudadanos a acceder a la cultura e información, a través de los distintos métodos de reproducción existentes, y el derecho de los autores y editores a que se respete su trabajo y a ser remunerados por el uso de sus obras.

Para lograr una mejor defensa de los intereses de sus socios en otros países, CEDRO forma parte de la Federación Internacional de Entidades de Gestión de Derechos de Reproducción (IFRRO).

Entre sus principales funciones y servicios, CEDRO se encarga de:

- La recaudación de los derechos económicos que genera el uso de obras protegidas por el Derecho de Autor y su posterior reparto entre los correspondientes beneficiarios.
- La prestación de servicios asistenciales, formativos y promocionales para autores y editores.
- La concesión de licencias y autorizaciones para la utilización de obras.

Este año se ha aprobado el Real Decreto-ley 2/2018, de 13 de abril, por el que se modifica y reforma el texto refundido de la Ley de PI, aprobado por el Real Decreto Legislativo 1/1996, de 12 de abril, y por el que se incorporan al ordenamiento jurídico español la Directiva 2014/26/UE del PE y del CUE, de 26 de febrero de 2014, y la Directiva 2017/1564 del PE y del CUE, de 13 de septiembre de 2017.

Con esta reforma, la Ley de PI se adapta a la Directiva 2014/26/UE, principalmente en la gestión colectiva de los derechos de PI. También permite prescindir de la autorización de sus titulares en ciertos casos que favorecen a personas con discapacidad.

Este real decreto ley complementa la transposición de la Directiva 2014/26/UE y, relacionada con la anterior, la Directiva 2017/1564, modificando un amplio número de artículos del Texto Refundido de 1996 Ley de PI. Se utiliza la forma del decreto-ley, porque han vencido, ya hace dos años, los plazos de transposición, intentando evitar/minimizar las sanciones al Estado español.

Se afronta de esta manera la problemática derivada de que la distribución de bienes y prestación de servicios que impliquen el uso de derechos de PI requiere, en principio, la autorización de sus titulares, siendo su concesión individual muchas veces inviable por su complejidad y coste. Para afrontarla surge la gestión colectiva llevada a cabo, tradicionalmente, por las entidades de gestión de derechos de PI.

Su intervención permite por un lado a los usuarios obtener autorizaciones para un gran número de obras en aquellas circunstancias en que las negociaciones a título individual serían imposibles y por otro lado permite a los titulares de derechos de PI una remuneración por usos de sus obras que, particularmente, no serían capaces de controlar.

Estas entidades de gestión desempeñan un papel fundamental a la hora de proteger y promover la diversidad cultural permitiendo el acceso al mercado a aquellos repertorios culturales locales o menos populares que, pese a su enorme valor y riqueza creativa, no gozan del mismo éxito comercial que otros repertorios más mayoritarios.

La Directiva 2014/26/UE por su parte afronta por primera vez en el derecho europeo una regulación de estas entidades. Pretende armonizar las distintas normativas nacionales para fortalecer su transparencia y gobernanza y la gestión de los derechos de PI. Potencia la situación jurídica del miembro de la entidad de gestión dotándole de instrumentos, como el órgano de control interno, que también facilita la rendición de cuentas por los órganos de gobierno y representación de la entidad de gestión.

Asimismo, la directiva da respuesta jurídica a la necesidad de favorecer la concesión de licencias de derechos de autor sobre obras musicales para su utilización en línea en un contexto transfronterizo. Dentro del texto refundido de la Ley de PI, la parte esencial de la reforma recae sobre el título IV del libro tercero, cuyo contenido se reorganiza. Regula la gestión colectiva de los derechos reconocidos en la ley.

El nuevo Capítulo I regula los requisitos exigidos para gestionar colectivamente derechos de PI. Las entidades de gestión deberán obtener la oportuna autorización del Ministerio de Educación, Cultura y Deporte. Se recogen también los operadores de gestión independientes, que se diferencian de las entidades de gestión, fundamentalmente, porque tienen ánimo de lucro y porque no están controlados por los titulares de derechos.

Por otro lado, destaca el nuevo Capítulo II que regula la situación jurídica del titular de derechos de PI en su relación con la entidad de gestión a través del contrato de gestión. Mediante este contrato, el titular de derechos, sin ceder la propiedad de estos, encomienda su gestión a una entidad de gestión. El titular de derechos deberá dar consentimiento explícito, por escrito, para cada derecho, categoría de derechos o tipo de obra o prestación cuya gestión encomienda a la entidad y respecto de los territorios de su elección.

Se considerará titular de derechos, a los efectos de este título, a toda persona o entidad, distinta de una entidad de gestión, que sea titular de derechos de autor u otros derechos de PI o que, en virtud de un acuerdo de explotación de derechos o por ley, esté legitimada para percibir una parte de las cuantías generados por tales derechos.

Habrá además una ventanilla única de facturación y pago, accesible a través de internet, en la cual los usuarios del repertorio gestionado podrán conocer de forma actualizada el coste individual y total a satisfacer al conjunto de dichas entidades y operadores, como resultado de la aplicación de las tarifas a su actividad, y realizar el pago correspondiente.

También se modifica el contenido del título V que ahora versa sobre la Comisión de PI y que recoge los artículos en vigor del texto refundido. Huelga decir que el presente Real Decreto-ley se aprueba al amparo de lo dispuesto en el art. 149.1.9.ª CE, que atribuye al Estado la competencia sobre legislación sobre PI.

CAPÍTULO 10

PROTECCIÓN PROCESAL DE LOS DERECHOS DE PI

Como ya adelantaba el profesor Esteva Ruiz: *«Las enseñanzas del derecho son por donde han entrado siempre todas las inquietudes y progresos de la cultura humana»*. En esta contextualización, posee un valor de especial trascendencia para las ICC el ámbito práctico de Derecho Privado para la defensa de los derechos de PI. Por y para ello, vamos a estudiar los procedimientos y trámites procesales existentes en nuestro ordenamiento jurídico por los que estructuraremos todo el proceso judicial desde la interposición de la demanda o denuncia hasta la resolución firme que concluya el litigio tanto en l vía civil, penal como en la contencioso-administrativa.

De esta forma, abarcaremos los procesos de enjuiciamiento que habrán de seguir tanto el artista como el ideólogo de una obra nueva como titulares de derechos de autor absolutos, así como aquellos productores, editores, intérpretes y cualquier sujeto de titularos de derechos conexos. El recorrido de la pretensión de tutela de dichos derechos podrá visualizarse en este capítulo para conocer y aprender cual será el proceso a seguir, ante que órgano judicial, si requiere o no intervención de abogado y procurador o cuánto tiempo demorará el asunto.

Por cuestiones de orden, es de necesidad que estudiemos *ab initio* las cuestiones más elementales que rodean la PI en España desde el prisma legal y cultural para situarnos contextualmente en nuestra realidad jurídica concreta. Partiendo de esta base nos sumergiremos en el desarrollo de los vericuetos que el derecho procesal civil y penal español ha dispuesto al respecto de la PI, o lo que es lo mismo, el derecho adjetivo, o de ritos en derecho antiguo, que envuelve la materia que nos ocupa.

En una sociedad garantista que salvaguarde y promueva el principio de seguridad jurídica como lo es la española, existen previsiones positivas profundas sobre PI. Con lo cual, habrá derechos que pesen sobre la obra, que es el elemento objetivo o bien jurídico protegido por los derechos de PI. Así lo atestigua la medula espinal de nuestro ordenamiento jurídico, la CE de 1978. Y es que la Carta Magna ya preveía cuestiones que afectaban a los derechos de PI en múltiples manifestaciones *late sensu.*

El primer lugar, hemos de tratar el art. 33 CE por el que se reconoce el derecho de la propiedad privada, incluyendo los derechos morales y patrimoniales que de una obra se generen como objeto de propiedad. El precepto citado, junto con el art. 128.1 CE, establecen un límite perentorio, como lo es la *«utilidad pública o interés social»,* el *«interés general»* o la *«función social»* a la que la propiedad está subordinada y en virtud de la cual podrá ser expropiada.

La cultura, reconocida constitucionalmente como derecho en el art. 44 CE[39], no sirve de nada y pierde su esencia si no puede expresarse en todas sus formas, si no puede manifestarse, transferirse o divulgarse. Por ello, se protege en el art. 20 CE[40] como DDFF la libertad de expresión y creación, prohíbe la censura y establece unos límites en el respeto de los DDFF, especialmente el *«el derecho al honor, a la intimidad, a la propia imagen y a la protección de la juventud y de la infancia».*

---

39 Que establece que:
«1. Los poderes públicos promoverán y tutelarán el acceso a la cultura, a la que todos tienen derecho.
2. Los poderes públicos promoverán la ciencia y la investigación científica y técnica en beneficio del interés general».

40 «Se reconocen y protegen los derechos:
a) A expresar y difundir libremente los pensamientos, ideas y opiniones mediante la palabra, el escrito o cualquier otro medio de reproducción.
b) A la producción y creación literaria, artística, científica y técnica.
c) A la libertad de cátedra.
d) A comunicar o recibir libremente información veraz por cualquier medio de difusión. La ley regulará el derecho a la cláusula de conciencia y al secreto profesional en el ejercicio de estas libertades.
El ejercicio de estos derechos no puede restringirse mediante ningún tipo de censura previa».

En segundo lugar, el mismo texto nos despliega el reparto administrativo de competencias entre Estado y CC. AA. donde se encaja como competencia estatal (art. 149.1.9 CE) el aprobar leyes sobre PI, si bien en materia cultural tanto entidades locales, como Comunidades y el Estado poseen competencias específicas. Además, hay una transferencia de competencias del Estado a las Comunidades en ciertas cuestiones de servicios administrativos y en materia de ejecución de normas sobre PI.

Fruto de esa competencia estatal, se publica el Real Decreto Legislativo 1/1996, de 12 de abril, por el que se aprueba el texto refundido de la Ley de PI[41]. La autoría de una obra es altamente vulnerable por su intangibilidad (art. 3.1 LPI) de ahí la especial protección de esta norma que prohíbe que pueda cogerse como propia una obra ajena y mucho menos obtener lucro de ella.

Una particularidad de este derecho es que la obra estará vinculada a su autor desde el momento de la creación definitiva *ipso facto*, sin vincularse la eficacia a la publicación obligatoria en registros, si bien existe un registro administrativo que consolida dicha relación jurídica y constituye prueba, desarrollado en el Reglamento del Registro General de la PI[42], aprobado por Real Decreto 281/2003, de 7 de marzo.

Fruto de nuevas necesidades, de la telematización de las comunicaciones y de la generalización de las nuevas tecnologías en el ámbito[43], la PI ha sufrido dos grandes reformas

41 Publicado en el BOE núm. 97, de 22 de marzo de 1996.

42 Existe un Registro Central en Madrid y un Registro Territorial en cada CC. AA. además de oficinas en cada capital de provincia cuyas direcciones están disponibles en: http://www.culturaydeporte.gob.es/cultura-mecd/areas-cultura/propiedadintelectual/registro-de-la-propiedad-intelectual/organizacion-y-direcciones/andalucia.html (consultado el 20/11/2018).

43 Da fe de ello la Circular 1/2006 de la Fiscalía General del Estado que señala que: «*En todo este marco de las nuevas tecnologías de la sociedad de la información, resulta necesario coordinar la protección de los derechos de los titulares frente a las conductas vulneradoras que utilizan dichas tecnologías, con los derechos de los usuarios de los servicios de la sociedad de la información, excluyendo del ámbito penal las conductas que si bien lesionan formalmente los derechos reconocidos a los titulares en la legislación específica sobre la materia, dicha lesión resulta ser de menor entidad, reservando la protección penal de los derechos de PI a los supuestos de infracción más grave de los mismos, a los efectos de evitar un solapamiento de los ámbitos civil y penal de protección...*».

en los últimos años. Una en 2011 que afectó a la LPI y al derecho procesal contencioso-administrativo que veremos en un epígrafe ulterior y otra reforma más reciente en 2018 por el Real Decreto-ley 2/2018, de 13 de abril, por el que se incorporan al ordenamiento jurídico español la Directiva 2014/26/UE del PE y del CUE, de 26 de febrero de 2014, y la Directiva 2017/1564 del PE y del CUE, de 13 de septiembre de 2017.

Con esta reforma, la LPI se adapta a la Directiva 2014/26/UE, principalmente en la gestión colectiva de los derechos de PI con las entidades de gestión, pero también permite prescindir de la autorización de sus titulares en ciertos casos que favorecen a personas con capacidad modificada judicialmente. Se complementa también la transposición de la Directiva 2014/26/UE y, relacionada con la anterior, la Directiva 2017/1564/UE, modificando un amplio número de artículos de la LPI. La razón por la que se utiliza la controvertida forma del Decreto-Ley no es otra que el vencimiento sistemático de los plazos comunitarios de transposición que marcaba el legislador europeo, 2 años.

Se afronta de esta manera la problemática derivada de que la distribución de bienes y prestación de servicios que impliquen el uso de derechos de PI requiere, en principio, la autorización de sus titulares, siendo su concesión individual muchas veces inviable por su complejidad y coste. Para afrontarla surge la gestión colectiva llevada a cabo, tradicionalmente, por las entidades de gestión de derechos de PI permitiendo la obtención de autorizaciones en masa y el control remuneratorio desprendido de la explotación ajena de la obra.

Estas entidades de gestión reguladas por la Directiva 2014/26/UE desempeñan un papel fundamental a la hora de proteger y promover la diversidad cultural permitiendo el acceso al mercado a aquellos repertorios culturales locales o menos populares que, pese a su enorme valor y riqueza creativa, no gozan del mismo éxito comercial que otros repertorios más mayoritarios. Asimismo, la Directiva da respuesta jurídica a la necesidad de favorecer la concesión de licencias de derechos de autor sobre obras musicales para su utilización en línea en un contexto transfronterizo.

Finalmente, destaca como reforma también la nueva ventanilla única digital de facturación y pago, accesible a través de internet, en la cual los usuarios del repertorio gestionado podrán conocer de forma actualizada el coste individual y total a satisfacer al conjunto de dichas entidades y operadores, como resultado de la aplicación de las tarifas a su actividad, y realizar el pago correspondiente.

10.1. En ámbito procesal civil

Estamos ante la jurisdicción más amplia, donde incluso el derecho procesal civil en el modelo español es supletorio del derecho procesal penal, social y contencioso en muchas ocasiones por lo que lo estudiaremos en primer término. Su contenido grueso se encuentra principalmente albergado en la LOPJ[44] y en la LEC[45]. Esta última es la que contiene los fundamentos que rigen el proceso civil y que paulatinamente ha ido acogiendo y desarrollando mayores previsiones en lo que a PI respecta.

En cuanto a la competencia objetiva, es decir, qué órgano judicial conoce que causas por razón de la materia, les corresponderá siempre a los Juzgados de lo Mercantil (art. 86 ter LOPJ) cuando se ejerciten acciones legales relativas a PI. Ya, por otro lado, el art. 52.1.11.º LEC nos lanza la competencia territorial especial de dichos Juzgados de lo Mercantil en casos de infracción de la PI, la cual corresponderá conocer a los juzgados o tribunales del lugar en el que se haya cometido dicha infracción o se prevea que haya sido en dicho lugar indiciariamente.

También, podrá corresponder al lugar en el que se hayan hallado ejemplares ilícitos (copiados o falsificados de la obra, por ejemplo). Será el demandante, *ergo* ofendido y autor en la mayoría de los casos, el que tenga el privilegio de elegir si demanda en el lugar de la infracción o en el que se encontraron los ejemplares. Con este inciso, el legislador español se coloca al lado de la víctima de la presunta infracción, ofreciéndole la prerrogativa de optar por un juzgado u otro.

Los procesos civiles podemos clasificarlos en dos: por una parte, los generales, que son el juicio ordinario y el juicio verbal; y por otro lado los procesos especiales como el de

44 Ley modificada por última vez el 28/10/2015.

45 Modificada por última vez el 28/10/2015.

liquidación y disolución de regímenes patrimoniales, matrimoniales, el monitorio o el cambiario, por citar algunos. El cauce procesal a seguir será uno u otro en función de su naturaleza o en razón del valor económico de la cuestión, lo que la LEC clasifica en la división por razón de la materia o de la cuantía.

La vía procesal determinada en los litigios civiles sobre PI será el juicio ordinario a tenor de lo dispuesto en el art. 249.1.4.° LEC que dice que seguirán esa tramitación: *«Las demandas en materia de [...] propiedad industrial, PI y publicidad, siempre que no versen exclusivamente sobre reclamaciones de cantidad, en cuyo caso se tramitarán por el procedimiento que les corresponda en función de la cuantía que se reclame...».* Cabe señalar que en todo juicio civil podrán prepararse diligencias preliminares para lograr una documentación y unas pruebas que luego poder esgrimir en juicio y que en materia de PI se regula en el art. 256.1 LEC, donde se establecen varias previsiones por dada la naturaleza de la materia, pues requiere una investigación amplia atendiendo.

En primer lugar, el séptimo inciso de dicho precepto establece que podrá prepararse el juicio a través de la solicitud de diligencias por aquellos que pretendan ejercitar acciones por infracción de un derecho de PI pero remarca que no podrán ser contra los consumidores finales. Aquí, el legislador prevé el caso de que un autor pueda dirigir diligencias *caveat emptor* contra los consumidores finales, que no posean ánimo de lucro ni mala fe, con lo que se opone a ello por razones de justicia y de economía procesal.

Las diligencias preliminares solicitables son desde la obtención de datos de los infractores, hasta el indagar en el origen y redes de distribución de las obras o mercancías, por ejemplo, que infrinjan la PI con especial atención a:

> «a) Los nombres y direcciones de los productores, fabricantes, distribuidores, suministradores y prestadores de las mercancías y servicios, así como de quienes, con fines comerciales, hubieran estado en posesión de las mercancías.
>
> b) Los nombres y direcciones de los mayoristas y minoristas a quienes se hubieren distribuido las mercancías o servicios.
>
> c) Las cantidades producidas, fabricadas, entregadas, recibidas o encargadas, y las cantidades satisfechas

> como precio por las mercancías o servicios de que se trate y los modelos y características técnicas de las mercancías».

Por consiguiente, el inciso 8.º del art. 256.1 LEC se refiere a diligencias cuando la infracción tenga carácter comercial para pedir la exhibición de los documentos bancarios, financieros, comerciales o aduaneros, producidos en un determinado tiempo y que se presuman en poder de quien sería demandado como responsable. También dispone que dicha solicitud de diligencias:

> «deberá acompañarse de un principio de prueba de la realidad de la infracción que podrá consistir en la presentación de una muestra de los ejemplares, mercancías o productos en los que materialice aquella infracción».

Más adelante, en el art. 256.1.10.º LEC se establece otra petición de diligencias para que se identifique al prestador de un servicio de la sociedad de la información sobre el que concurran indicios razonables de que está poniendo a disposición o difundiendo de forma directa o indirecta, contenidos, obras o prestaciones objeto de tal derecho sin que se cumplan los requisitos establecidos por la legislación de la PI. El legislador se atribuye así la apreciación de esta infracción a la vista de la audiencia y volumen de distribución de dicho prestador infractor en España para descartar infracciones de mínima entidad.

Igualmente, establece la norma que se podrá solicitar la obtención de los datos necesarios para llevar a cabo la identificación de los presuntos infractores. Además, podrá dirigirse la acción a los prestadores de servicios de la sociedad de la información, de pagos electrónicos y de publicidad que mantengan o hayan mantenido en el último año relaciones de prestación de un servicio con el prestador de servicios de la sociedad de la información que se pretenda identificar.

Estos prestadores de servicios electrónicos que mantuvieron relaciones comerciales con el infractor principal habrán de colaborar con la justicia con toda la información que posean de dicha relación, exceptuando aquellos datos que exclusivamente estuvieran siendo objeto de tratamiento por un proveedor de servicios de Internet (en cumplimiento de lo dispuesto en la Ley 25/2007, de 18 de octubre, de conservación de datos relativos a las comunicaciones electrónicas y a las redes públicas de comunicaciones).

Finalmente, el inciso 11.º establece la última diligencia solicitable en sede judicial para preparar el procedimiento, que es pretender no ya la identificación del infractor, sino de los usuarios que adquieren el producto final. Así, se podrá pedir que un prestador de servicios de la sociedad de la información aporte los datos necesarios para llevar a cabo la identificación de un usuario de sus servicios, con el que mantengan o hayan mantenido en el último año relaciones de prestación de un servicio.

El límite establecido, a colación de esta diligencia, es que existan indicios razonables de que se están poniendo a disposición o difundiendo de forma directa o indirecta contenidos, obras o prestaciones objeto de tal derecho sin que se cumplan los requisitos establecidos por la legislación de PI y volviendo a valorarse el nivel de difusión y audiencia de dicho ilícito. Respecto a todas las diligencias preliminares obtenidas por dichas investigaciones, nos apunta el legislador un deber de cautela por parte del solicitante y futuro demandante en el art. 259.4 LEC. Aquí se prescribe la expresa:

> «prohibición de divulgarla o comunicarla a terceros. A instancia de cualquier interesado, el tribunal podrá atribuir carácter reservado a las actuaciones, para garantizar la protección de los datos e información que tuvieran carácter confidencial».

Antes de la interposición de la demanda se podrá también asegurar prueba para garantizar la tutela efectiva del derecho para prevenir que al momento de practicarla no sea ya imposible o poco efectiva por haberse alterado vilmente. En materia de PI tales medidas podrán consistir en la:

> «descripción detallada, con o sin toma de muestras, o la incautación efectiva de las mercancías y objetos litigiosos, así como de los materiales e instrumentos utilizados en la producción o la distribución de estas mercancías y de los documentos relacionados con ellas» (art. 297 LEC).

Dentro de los procesos declarativos recogidos el en Libro I de la LEC, encontramos los medios de prueba que podrán llevarse a cabo en los juicios civiles. En este espacio del texto normativo, el Capítulo VI rubricado *«de los medios de prueba y de las presunciones»* albergado en el Título I de dicho Libro hallamos el precepto 328 LEC que al hilo de la PI recoge el deber de exhibición de documentos.

Los documentos a exhibir ante la autoridad judicial competente podrán ser de carácter bancario, financiero, comercial o aduanero, producidos en un determinado período de tiempo y que se presuman en poder del demandado. Además, la solicitud deberá acompañarse de un principio de prueba que podrá consistir en la presentación de una muestra de los ejemplares, mercancías o productos en los que se hubiere materializado la infracción. Terminará la norma recordando que puede solicitarse por cualquier interesado que dicha exhibición sea reservada al procedimiento para la protección de los datos de carácter confidencial y personal que pudieran contener dichos documentos y ficheros.

Existen otro tipo de medidas que garantizan el buen proceder y devenir del proceso para la buena administración de justicia, además de las diligencias preliminares o el aseguramiento de prueba. Estamos refiriéndonos a las medidas cautelares, que son aquellas medidas solicitadas por la parte o aplicadas por la autoridad judicial una vez ya iniciado el procedimiento, para que se ejecuten a lo largo del mismo[46].

Aquí, el art. 727 LEC nos viene a señalar dos medidas cautelares concretas. La primera es la intervención y depósito de aquellos ingresos obtenidos mediante una actividad que se considere ilícita y cuya prohibición o cesación se pretenda en la demanda, así como la consignación o depósito de las cantidades que se reclamen en concepto de remuneración de la PI. La segunda medida, es el depósito temporal de ejemplares de las obras u objetos que se reputen producidos con infracción de las normas sobre PI e industrial, así como el depósito del material empleado para su producción.

En el ámbito del juicio ordinario, será obligatorio postularse con asistencia de abogado en la dirección técnica de la causa y con procurador de forma preceptiva también, en la representación procesal. Dicho lo cual, en aquellos escritos en los que se solicita la adopción de medidas urgentes con anterioridad al juicio o la suspensión de vistas y actuaciones no será necesaria la intervención de abogado ni de procurador (arts. 23-33 LEC).

46 Artículo 143 LPI: «*En las causas criminales que se sigan por infracción de los derechos reconocidos en esta Ley, podrán adoptarse las medidas cautelares procedentes en procesos civiles*».

Aquí, la tramitación por la que se rige la causa en defensa de la PI se caracteriza por que el demandado habrá de contestar a la demanda en un plazo no superior a 20 días hábiles, reconvenir o no presentarse a ningún acto procesal (rebeldía). A partir de ahí, tras tres días desde la contestación, *grosso modo*, se convocará a las partes a una audiencia previa para celebrar a los 20 días siguientes.

En dicha audiencia previa se intentará el acuerdo, se fijará el objeto del juicio, se propondrá y admitirá prueba y se examinan cuestiones procesales. Una vez celebrada, y si en condiciones normales no hay especialidades, se señalará fecha para la celebración de juicio en un mes. Ya en esta segunda vista, llamada juicio, se practica la prueba previamente admitida. Si no acudiese ninguna parte estará visto para sentencia, pero si acude alguna se celebrará. A los 20 días de la vista del juicio, se dictará sentencia y se notificará a las partes en un plazo inferior a 3 días.

La resolución definitiva cobrará firmeza, *ergo* efectos de cosa juzgada, si no se interponen los recursos oportunos previstos que la misma sentencia transcriba por escrito y que será el de apelación ante la Audiencia Provincial en primer término a los 20 días hábiles desde la notificación de la sentencia. Sin perjuicio de los recursos de reposición y revisión que contra las resoluciones interlocutorias y del Letrado de la Administración de Justicia quepan y de los recursos por infracción y de casación ulteriores.

10.2. En el ámbito procesal penal

La esfera procesal penal posee su regulación en el Real Decreto de 14 de septiembre de 1882 por el que se aprueba la LECrim[47]. Se seguirá uno de los procesos criminales previstos en función de la pena de privación de libertad solicitada por el delito que corresponda, de la pena de multa o de quién es el acusado, entre otras variables especiales.

Por ende, para conocer las penas de privación de libertad estipuladas para delitos contra la PI, hemos de acudir al CP. Para saber qué pena se recoge dentro del CP, hemos de ubicarnos en el Libro II *«Delitos y sus penas»,* donde encon-

47 Modificado por última vez el 6/10/2015.

traremos en el Capítulo XI *«De los delitos relativos a la PI e industrial, al mercado y a los consumidores»* y dentro de este, en su Sección 1.ª *«De los delitos relativos a la PI»* (arts. 270 a 272 CP).

El legislador penal define estos delitos como aquel desmán contra el patrimonio y contra el orden socioeconómico al recoger ese capítulo dentro del Título XIII, y lo hace con acierto al considerar la obra como un patrimonio intelectual contra el que se puede atentar, quebrantar y lacerar con efectos socio-económicos. Adicionalmente, se considera a la obra y los derechos que la rodea como el bien jurídico protegido, el cual es a su vez objetivo del quebrantamiento. Pues bien, el art. 270.1 CP establece en primer lugar que:

> «1. Será castigado con la pena de prisión de seis meses a cuatro años y multa de doce a veinticuatro meses el que, con ánimo de obtener un beneficio económico directo o indirecto y en perjuicio de tercero, reproduzca, plagie, distribuya, comunique públicamente o de cualquier otro modo explote económicamente, en todo o en parte, una obra o prestación literaria, artística o científica, o su transformación, interpretación o ejecución artística fijada en cualquier tipo de soporte o comunicada a través de cualquier medio, sin la autorización de los titulares de los correspondientes derechos de PI o de sus cesionarios.
>
> 2. La misma pena se impondrá a quien, en la prestación de servicios de la sociedad de la información, con ánimo de obtener un beneficio económico directo o indirecto, y en perjuicio de tercero, facilite de modo activo y no neutral y sin limitarse a un tratamiento meramente técnico, el acceso o la localización en internet de obras o prestaciones objeto de PI sin la autorización de los titulares de los correspondientes derechos o de sus cesionarios, en particular ofreciendo listados ordenados y clasificados de enlaces a las obras y contenidos referidos anteriormente, aunque dichos enlaces hubieran sido facilitados inicialmente por los destinatarios de sus servicios».

No obstante, la pena será de 6 a 24 meses de prisión cuando la distribución comercial sea de carácter ocasional o ambulante, siendo fijada la pena dentro del intervalo atendiendo al beneficio económico obtenido entre otros criterios.

Con lo cual vemos que se establecen penas de hasta 4 años al que atente contra la PI en las diversas formas que prevén los dos párrafos transcritos y que nos hace circunscribirlo al procedimiento para el enjuiciamiento rápido de determinados delitos, que es el establecido en la LECrim para delitos castigados con penas inferiores a 5 años de privación de libertad y que sean de naturaleza de PI, como veremos posteriormente.

El legislador además continúa, en el inciso tercero del mismo artículo, estableciendo que la autoridad habrá de retirar las obras o prestaciones objeto de la infracción e interrumpirá la prestación de servicios telemáticos si hay una distribución a gran escala. Igualmente podrá aplicar las medidas cautelares que a la defensa de la PI vengan al caso. Sin perjuicio de los infractores descritos anteriormente, también serán corregidos con la misma pena los que establece el art. 270.5 CP y que serán aquellos que:

> «a) Exporten o almacenen intencionadamente ejemplares de las obras, producciones o ejecuciones a que se refieren los dos primeros apartados de este artículo, incluyendo copias digitales de las mismas, sin la referida autorización, cuando estuvieran destinadas a ser reproducidas, distribuidas o comunicadas públicamente.
>
> b) Importen intencionadamente estos productos sin dicha autorización, cuando estuvieran destinados a ser reproducidos, distribuidos o comunicados públicamente, tanto si éstos tienen un origen lícito como ilícito en su país de procedencia; no obstante, la importación de los referidos productos de un Estado perteneciente a la UE no será punible cuando aquellos se hayan adquirido directamente del titular de los derechos en dicho Estado, o con su consentimiento.
>
> c) Favorezcan o faciliten la realización de las conductas a que se refieren los apartados 1 y 2 de este artículo eliminando o modificando, sin autorización de los titulares de los derechos de PI o de sus cesionarios, las medidas tecnológicas eficaces incorporadas por éstos con la finalidad de impedir o restringir su realización.
>
> d) Con ánimo de obtener un beneficio económico directo o indirecto, con la finalidad de facilitar a terceros el acceso a un ejemplar de una obra literaria, artística o científica, o a su transformación, interpretación o ejecución artística, fijada en cualquier tipo de soporte o comu-

nicado a través de cualquier medio, y sin autorización de los titulares de los derechos de PI o de sus cesionarios, eluda o facilite la elusión de las medidas tecnológicas eficaces dispuestas para evitarlo».

Culmina la norma en su punto sexto incluyendo penas de hasta 3 años de prisión para aquellos que fabriquen, importen, pongan en circulación o posean con una finalidad comercial cualquier medio cuyo objetivo sea anular los dispositivos de protección de PI.

Seguidamente, el art. 271 CP impone la pena de prisión de 2 a 6 años, multa e incluso inhabilitación especial para el ejercicio de la profesión relacionada con el delito cometido, por un período de 2 a 5 años, cuando se cometa el delito que hemos estudiado cuando haya beneficios importantes fruto del delito, cuando los hechos y consecuencias sean de especial gravedad, cuando se utilicen menores de edad para la comisión de dichos delitos o cuando el culpable perteneciese a una organización criminal[48], sea permanente o temporal.

Finalmente, el art. 272 CP da una pincelada importante en lo que a la responsabilidad civil respecta, o lo que es lo mismo, los efectos económicos del proceso penal. El artículo apela a la LPI para establecer la indemnización de daños y perjuicios y termina posibilitando la publicación de la sentencia condenatoria en un periódico oficial, a costa del condenado.

Continuando, pero ya en las especialidades del procedimiento, el art. 282 LECrim establece que a la Policía Judicial se le pueden denunciar ilícitos de esta clase, sin embargo, su apartado segundo establece que, aunque no haya denuncia, se pueden realizar diligencias de prevención y aseguramiento cuando los delitos sean contra la PI. Respecto a la Policía Judicial, destacar que, cuando se refiera a estos delitos, deberá informarse al ofendido de sus derechos en el tiempo imprescindible (art. 771 LECrim).

Otra particularidad del procedimiento penal en relación con la PI es que se pueden destruir judicialmente los efectos intervenidos, siempre que se deje una muestra, cuando haya

48 El art. 282.4.f) bis LECrim establece que entenderemos que existe delincuencia organizada cuando haya asociación de tres o más personas para realizar, de forma permanente o reiterada, conductas que tengan como fin cometer delitos que atenten contra la PI, entre otros.

peligro en su almacenamiento para ciertos materiales intervenidos entre los que se encuentran los efectos intervenidos en relación con la comisión de delitos contra la PI (art. 367 ter LECrim).

Dicho lo cual, y como adelantábamos al inicio del epígrafe, será el Juicio Rápido (arts. 795-803 LECrim) el que establecerá los pasos procesales por ajustarse a los requisitos de que:

- No excederá la pena de prisión de 5 años o cualquiera otras inferior a 10, cualquiera que sea la cuantía.
- Habrá de incoarse en virtud de atestado policial, en que haya un detenido.
- Que sea delito flagrante y de una instrucción previsiblemente sencilla.
- Las actuaciones no serán secretas ni se aplicará a juicios conexos.
- Se tramitarán por este procedimiento, además de los relativos a la PI, los delitos de hurto, robo, hurto y robo de vehículos, contra la seguridad vial, delito de daños y contra la salud pública.

Este procedimiento, introducido por la Ley 38/2002 de 24 de octubre, es junto con el de *habeas corpus* o el procedimiento de delitos leves el más flexible y ágil. Será el Juzgado de Guardia el órgano judicial competente, que es un Juzgado de Instrucción normal que se encuentra en turno de guardia. De todos los Juzgados de Guardia, será competente el del partido judicial en que se hayan cometido los hechos y en su defecto, donde se encuentren pruebas, donde se detenga al investigado, donde tenga su residencia o donde de él se tenga noticia, en ese orden.

La instrucción de la Policía Judicial durará menos de 72 horas y se ciñe a realizar las citaciones al detenido (si no estuviese detenido), al testigo y a las entidades aseguradoras, en su caso, a juicio, adjuntara informes periciales al atestado e informará al acusado de sus derechos asignándole un abogado de oficio si en el momento no gozase de su asistencia.

Una vez terminadas estas investigaciones elementales se remitirá al Juzgado de Guardia inmediatamente, o en 5 días como máximo, para que este instruya las diligencias urgentes en menos de 48 horas para la obtención de los antecedentes penales del investigado, recabar informes, tomar declaración al detenido y testigos, realizar el careo, las citaciones a las personas que se quiera, etc.

Acabada la instrucción, el juez dictará auto de apertura de juicio oral si hay suficientes diligencias como para entrar a enjuiciar con garantías, u ordenará que se practique una instrucción más extensa por la vía de las diligencias previas del procedimiento abreviado o incluso dictará auto sobreseyendo la causa, aplicando medidas cautelares o declarando que es un delito leve.

Si hay auto de apertura de juicio oral, el Ministerio Fiscal y la acusación, inmediatamente o en un máximo de 2 días, realizarán su escrito de acusación calificando el tipo de delito, qué pena se solicita, cuáles han sido los hechos, cual la cuantía, etc. Tras este, se señalará juicio para los próximos 15 días ante el Juzgado de lo Penal al que corresponda enjuiciar y se dictará sentencia a los 3 días de dicho juicio.

La particularidad de los juicios rápidos reside, en esencia, en la posibilidad del acusado de conformarse con la pena solicitada por el Ministerio Fiscal y, siempre que no haya acusación particular y siempre que la pena mayor solicitada no supere los 3 años. Si el acusado se conformase con la pena mayor, se le reducirá en un tercio siempre que dicha reducción no supere los 2 años. Además, si se satisface la responsabilidad civil y no existiesen antecedentes penales se puede suspender la pena de privación de libertad.

In fine, la conformidad del acusado produce la inmediata sentencia de conformidad que da una ventaja de fluidez a estos procedimientos, premiando el legislador a los acusados que reconozcan su delito al reflejo de la mayor calificación con la reducción de dicha pena en nada menos que un tercio. Si bien la sentencia de conformidad es una resolución del Juzgado de Instrucción, pues es antesala del enjuiciamiento que el legislador pretende evitar, la fase de ejecución de la sentencia le corresponderá al Juzgado de lo Penal.

En referencia a la asistencia de abogado en procedimientos penales, se establece que será obligatoria[49] durante la tramitación del procedimiento en fase de instrucción e intermedia ostentando además la representación del investigado.

49 Excepto en los juicios de delitos leves, antiguos juicios de faltas.

Si se abriese juicio oral, ya sí sería necesario que un procurador ostente la representación procesal de forma independiente. Además, como es sabido, todo detenido tiene derecho a un abogado.

La prescripción es una causa de las que extingue la responsabilidad penal en virtud de la cual, transcurridos el tiempo establecido de prescripción desde la comisión del delito, este estará prescrito. En los delitos contra la PI el plazo de prescripción, en atención a las normas del art. 131.1 CP, será de 5 años.

10.3. En el ámbito contencioso-administrativo

La protección procesal de los derechos de PI ante el sector público se regula en la LJCA[50]. Cuando hablamos de esta jurisdicción, nos referimos al foro judicial en que se procesa, enjuicia y resuelven aquellas controversias que surgen entre particulares y las resoluciones y actuaciones del Sector Público, en general.

El art. 9 LJCA comienza subrayando la competencia objetiva de los Juzgados Centrales de lo Contencioso-Administrativo, adscritos a la Audiencia Nacional, que conocerán de ciertas resoluciones administrativas y de la autorización a que se refiere su segundo punto:

> «2. Corresponderá a los Juzgados Centrales de lo Contencioso-Administrativo, la autorización a que se refiere el artículo 8.2 de la Ley 34/2002 así como autorizar la ejecución de los actos adoptados por la Sección Segunda de la Comisión de PI[51] para que se interrumpa la prestación de servicios de la sociedad de la información o para que se retiren contenidos que vulneren la PI, en aplicación de la Ley 34/2002, de 11 de julio, de Servicios de la Sociedad de la información y de Comercio Electrónico»[52].

50 Cuya última modificación fue el 19/7/2017.

51 El Real Decreto 1.889/2011, de 30 de diciembre, regula el funcionamiento de la Comisión de PI.

52 Cuya última modificación fue el 10/5/2014.

Dicho lo cual, los recursos contra las resoluciones, actos y disposiciones de las personas de derecho público que nos ocupan, se encuentran en la Disposición Adicional 4.ª de la ley, que son las de la Sección Segunda de la Comisión de PI, en cuyo caso será competente la Sala de lo Contencioso-Administrativo de la Audiencia Nacional.

En esta jurisdicción existe un procedimiento ordinario y otro abreviado, y nosotros habremos de acudir a uno especial (Título V LJCA), totalmente adaptado a la materia a enjuiciar, que se encuentra en el capítulo de *«Procedimientos para la protección de los DDFF de la persona».* Es un procedimiento para el amparo judicial de los derechos y libertades previstos en el art. 53.2 CE (art. 114 LJCA) entre los que podemos situar los derechos de PI.

La sustanciación de este procedimiento especial es bastante sencilla a la vista de que habrá una adopción de medidas para la protección de derechos de PI, identificando a los prestadores de servicios y tomando medidas concretas tras escuchar en el plazo de 2 días al Ministerio Fiscal, a la Administración que corresponda y al autor de los contenidos, terminando con el dictado de un auto en el plazo de 2 días. Contra dicho auto cabrá recurso de apelación en un solo efecto en el plazo de 15 días.

Termina la ley dando una última mención a la PI en el art. 122 bis LJCA estableciendo que la ejecución de las medidas para que se interrumpa la prestación de servicios de la sociedad de la información o para que se retiren contenidos que vulneren la PI, adoptadas por la Sección Segunda de la Comisión de PI, en aplicación de la Ley 34/2002, requerirá autorización judicial previa.

La primera reforma reciente de la LPI que citábamos en la introducción fue en virtud de la Disposición Final 43.ª de la Ley 2/2011, de 4 de marzo de Economía Sostenible o *«Ley Sinde»* que promovía un exhaustivo control del creciente mercado pirata de copias ilegales descargadas telemáticamente, pero modifico también LJCA.

Para identificar al intermediario[53] que está realizando la conducta presuntamente vulneradora de derechos de PI,

53 En este caso nos referimos a compañías proveedoras de servicios en red que ofertan conexión a internet. A veces se las denomina ISP (siglas en inglés de *Internet service provider*).

los órganos competentes para la adopción de las medidas podrán requerirles la cesión de los datos que permitan tal identificación a fin de que pueda comparecer en el procedimiento. Dicho requerimiento exigirá una autorización judicial previa. Obtenida la autorización, los prestadores estarán obligados a facilitar los datos necesarios para llevar a cabo la identificación. El Juzgado de lo Contencioso, en el plazo de 24 horas, y una vez oído el Ministerio Fiscal, dictará resolución autorizando la solicitud efectuada siempre que no resulten afectados los arts. 18.1 y 3 CE.

Finalmente, señalar que en los procedimientos ante la jurisdicción contencioso-administrativa es preceptiva la intervención de abogado y facultativa la de procurador cuando el asunto se substancie ante un órgano judicial unipersonal (como el Juzgado de lo Contencioso-Administrativo). Por el contrario, será obligatoria la postulación con ambos profesionales cuando se actué ante órganos colegiados (como la Sala de lo Contencioso-Administrativo del Tribunal Superior de Justicia o de la Audiencia Nacional en virtud al art. 23 LJCA).

PARTE IV

FORMAS JURÍDICAS

CAPÍTULO 11

CONCEPTO Y FUNDAMENTOS

La forma jurídica es la identidad legal y mercantil que asume una empresa teniendo en cuenta su titularidad y a la responsabilidad que sus propietarios tienen en términos legales. De esta forma, una empresa puede tener carácter individual, societario o cooperativo. Dentro de las formas jurídicas existen las sociedades.

Una sociedad es un acuerdo por el que dos o más personas ponen en común bienes o industrias con el fin de obtener un beneficio económico. Esta definición de sociedad es igual tanto para el ámbito mercantil como para el ámbito civil. Por ejemplo, una empresa tendrá una forma jurídica individual si es propiedad de solo una persona autónoma, como un fotógrafo que cree una empresa dedicada a esa actividad. El propietario en este caso responde ante terceros con todos y cada uno de sus bienes, esto es, de forma ilimitada, o solo con la cantidad que haya aportado en el momento de su constitución, en este caso se hablará de responsabilidad limitada.

Por su parte, las sociedades o empresas societarias están constituidas por más de una persona. En este apartado se pueden encontrar distintos tipos de empresa societaria como SA, limitada, comanditaria, colectiva, etc. Por otro lado, existen las cooperativas y otros tipos de organizaciones de economía social, que tienen socios que poseen responsabilidad en función del capital aportado a la sociedad y lo que se estime según los recogidos en sus estatutos.

A la hora de escoger la forma jurídica con la que va a operar un negocio se tiene que tener en cuenta una serie de factores de distinta naturaleza que se tienen que analizar para hallar la fórmula más adecuada. De este modo, hay que tener en consideración el número de socios que van a ser, si los socios van a trabajar en la empresa o no lo van a hacer, la responsabilidad patrimonial que va a asumir cada socio, la previsión de ingresos, la planificación fiscal atendiendo a los ingresos y el tipo de negocio. Todo esto, formará parte del plan jurídico-mercantil que se realiza antes de la creación de una empresa.

Por ello, para efectuar la elección de la forma jurídica más adecuada a la actividad que el gestor o director cultural quiera desarrollar, debemos tener en cuenta una serie de factores:

- El número de promotores que pretendan iniciar la nueva empresa puede condicionar la elección. Por ejemplo, para constituir una cooperativa, o en su caso, una sociedad laboral, son necesarios tres promotores o socios, o para constituir una CB o sociedad civil se requiere un mínimo de dos socios.
- Dependiendo del grado de responsabilidad que el promotor esté dispuesto a asumir en el proyecto y del riesgo que del mismo se pueda derivar, optará por aquellas formas que limitan su responsabilidad al capital aportado o que se ha comprometido a aportar; como es el caso de la SL y la SA, o por aquellas otras que no limitan la responsabilidad quedando afectado todo su patrimonio a las resultas del negocio; tal es el caso del empresario individual, CB y sociedad civil.
- En este sentido hay que tener en cuenta que existen determinadas formas jurídicas cuya regulación exige un capital mínimo, así la SL debe tener un capital mínimo de 3.000 €, que estará totalmente desembolsado en el momento de la constitución. Por su parte la SA, exige un capital social mínimo de 60.000 € que deberá estar desembolsado en el momento de la constitución, al menos, en el 25 % del valor nominal de cada acción.

CAPÍTULO 12

TIPOS DE FORMAS JURÍDICAS Y EL TERCER SECTOR CULTURAL

12.1. Tipos de formas jurídicas

En la actualidad el Ministerio de Economía, Industria y Competitividad reconoce hasta 20 tipos de formas jurídicas y cada una tiene unas características propias. De tal forma que nos podemos encontrar con formas jurídicas como la del trabajador autónomo, compuesta por un solo socio cuya responsabilidad es ilimitada y que no tiene un capital mínimo para empezar, o como la SGR, en la que se necesitan un mínimo de 150 socios, que tienen una responsabilidad limitada y que tienen que aportar un capital mínimo de 10 millones de euros.

El Ministerio de Economía, Industria y Competitividad ha creado una herramienta online para acelerar este proceso y que el emprendedor pueda elegir fácilmente la forma jurídica que su empresa va a tener. Se trata de una especie de cuestionario en el que el emprendedor tendrá que decidir el aspecto que más le interesa en 3 categorías: responsabilidad (limitada o ilimitada), número de socios (uno, dos o más tres) y el capital social (sin mínimo legal, entre 3.000 €-59.999 €, entre 60.000 €-120.000 € o más de 120.000 €).

Las formas jurídicas de una empresa las podemos clasificar en tres: Unipersonales, societarias y civiles. Las primeras son una sola persona física que desarrolla una actividad comercial o industrial y que posee el régimen de autónomo.

En segundo lugar, poseemos las sociedades con personalidad jurídica y que son asociaciones de personas que voluntariamente se asocian como personas físicas o jurídicas para desarrollar una actividad económica a través de la reunión de un capital económico y que obligatoriamente han de inscribirse en el Registro Mercantil y presentar unas cuentas anuales.

Las sociedades podemos dividirlas en sociedades mercantiles o mercantiles especiales. La sociedad mercantil se dedica a la producción de bienes y servicios para obtener ingresos económicos y a su vez se dividen por un lado en sociedades de capital (SA, SL, SL Nueva Empresa, SCPA...) y por otro en las sociedades colectivas y comanditaria simples.

Estas últimas se definen como sociedades mercantiles personalista, basada en la mutua confianza de los socios, que en nombre colectivo y bajo el principio de responsabilidad personal e ilimitada, constituyen un patrimonio común y persiguen un fin común de ganancias a repartir.

A continuación, clasificamos las sociedades mercantiles especiales, que son aquellas que se crean bajo unas metas y objetivos económicos concretos en su actividad. Estas son las sociedades cooperativas, la laboral, la SGR, la entidad de capital de riesgo, la de agrupación de interés económico y la de inversión mobiliaria. Y finalmente encontraríamos las sociedades sin personalidad jurídica y que son la Sociedad Civil y la CB.

A continuación, adicionalmente al CCom, se destacan las principales regulaciones de las formas jurídicas:

- La Sociedad Civil se regula en arts. 1665 al 1708 del Cc.
- El empresario individual art. 4 del CCom.
- Emprendedor individual de responsabilidad limitada se regula en la Ley 14/2013 de apoyo a emprendedores y su internacionalización.
- La CB es una sociedad civil regulada en el Cc, en su art. 392.
- Las sociedades mercantiles o de capital (SL, SL...) se regulan en el Real Decreto Legislativo 1/2010, de 2 de julio, por el que se aprueba el texto refundido de la Ley de Sociedades de Capital.
- Los distintos tipos de sociedades cooperativas poseen su regulación en la Ley 27/1999 de 16 de julio, de Cooperativas.

A continuación, citaremos de forma gráfica y sintética los 10 tipos más interesantes que debe conocer el gestor cultural y creativo de los tipos que existen en España.

Forma Jurídica	Definición	Número de Socios	Capital Mínimo	Tipo de responsabilidad	Ventajas
Empresario individual	Figura tradicional como trabajador autónomo. El propietario de la empresa trabaja en la misma, independientemente de la actividad que desarrolle y del tipo de trabajo que realice	1	No existe mínimo legal	El socio se responsabiliza con todos sus bienes	Simplicidad para la fiscalización y pago de impuestos. La empresa está controlada por una sola persona, los estatutos no son necesarios, su clausura es rápida y tiene gastos bajos de mantenimiento
SA	Sociedad mercantil cuyo capital está dividido en acciones integradas por las aportaciones de los socios quienes no responderán personalmente de las deudas contraídas pues lo harán con el capital aportado	Mínimo 1	Mínimo 60.000 €	Limitada al capital aportado en la sociedad	Responsabilidad frente a acreedores limitada al capital social y bienes a nombre de la empresa. Libre transmisión de las acciones. Facilita la incorporación de un amplio número de socios inversores.
SL Nueva Empresa	Introducida en 2003 para facilitar y agilizar la creación de sociedades mercantiles por parte de pequeños emprendedores que se autoemplean	Mínimo 1	Mínimo 3.000 €	Limitada al capital aportado en la sociedad	Constitución rápida y ágil. Sistema de contabilidad simplificado. Objeto social abierto. Ventajas fiscales en forma de aplazamientos

Forma Jurídica	Definición	Número de Socios	Capital Mínimo	Tipo de responsabilidad	Ventajas
Sociedad Cooperativa	Forma de economía social adecuada para empresas en las que los trabajadores son propietarios de la misma. Cooperativas de trabajo asociado: Son aquellas que asocian a personas naturales, con capacidad legal y física para trabajar, y tienen por objeto proporcionar a los socios puestos de trabajo	Cooperativas 1er grado: Mínimo 3 Cooperativas 2.° grado: 2	Mínimo fijado en los Estatutos	Limitada al capital aportado en la sociedad	La empresa es propiedad de los trabajadores en condiciones de. Organización participativa y democrática. Está exenta del pago del ITPAJD y posee bonificación del 95 % en el IAE y en la tributación por beneficios. Obtención de ayudas y subvenciones Existe derecho a desempleo si se ha cotizado en el Régimen General de la Seguridad Social. Autofinanciación en caso de beneficios.
Sociedad de Responsabilidad Limitada	Es un tipo de sociedad habitual, sobre todo en el caso de pequeños empresarios y la más recomendable para operar en el tráfico jurídico para la mayoría de las actividades comerciales	Mínimo 2	Mínimo 3.000 €	Limitada al capital aportado en la sociedad	Sencillez en cuanto a trámites burocráticos. Costes de constitución asequibles: sobre 600 €, capital y S.S. aparte Capital social mínimo exigido relativamente bajo: 3.000 €
Sociedad Civil	Contrato por el que dos o más personas ponen en común capital, con propósito de repartir entre si las ganancias	Mínimo 2	No existe mínimo legal	El socio se responsabiliza con todos sus bienes	Figura costumbrista en el ámbito empresarial español

Forma Jurídica	Definición	Número de Socios	Capital Mínimo	Tipo de responsabilidad	Ventajas
SA Unipersonal	Empresa de carácter mercantilista, cualquiera que sea su objeto y dispone de un único socio, ya sea por el hecho de que así fue desde el momento de su constitución, o bien, porque todos los socios quedaron reducidos a uno. Está obligada a la publicidad	Mínimo 1	3.005,6 €	la responsabilidad de este tipo de sociedad mercantil se ve limitada por las aportaciones que realiza el socio único, que serán siempre de capital.	Limitación de las deudas que se pueden contraer, tributa por el impuesto de sociedades. Así, al no tributar a través del IRPF, los impuestos generados no van conforme a los ingresos. Por lo que, así, no aumenta progresivamente el tipo impositivo que, como se ha dicho, es fijo.
CB	se constituye cuando la propiedad de un bien o derecho pertenece proindiviso a varias personas y forma parte de una actividad empresarial realizada en común. Se podría decir que es la forma más sencilla de asociación entre autónomos	Mínimo 2	No existe mínimo legal	El socio se responsabiliza con todos sus bienes	No se exige capital mínimo inicial, solo se especifica la cantidad que aporta cada socio, los mismos que pagarán sus obligaciones fiscales de acuerdo a las ganancias que obtengan de la actividad empresarial. Los riesgos no recaerán sobre una única persona. No se requiere la escritura pública de su formación

Forma Jurídica	Definición	Número de Socios	Capital Mínimo	Tipo de responsabilidad	Ventajas
SL de formación sucesiva	Sociedad capitalista en la que el capital, que estará dividido en participaciones sociales, se integrará por las aportaciones de todos los socios, quienes no responderán personalmente de las deudas sociales, con la particularidad que no necesita aporte de capital inicial (diferencia con la SL)	1 o más	En caso de liquidación, si el patrimonio es insuficiente, los socios aportarán solidariamente para completar el capital mínimo establecido por ley de 3000 euros	Limitada al capital aportado	Limitación de la responsabilidad al capital aportado. Aportación solidaria en caso de liquidación y patrimonio insuficiente. No requiere aportación inicial de capital mínimo. No es necesaria la acreditación de las aportaciones dinerarias de los socios.
Emprendedor de Responsabilidad Limitada	Similar a la figura de Empresario Individual con la diferencia que se caracteriza por excluir de la responsabilidad por deudas que tengan origen en la actividad económica la vivienda habitual del emprendedor siempre que cumpla con los requerimientos establecidos	1 socio	No existe	Ilimitada con excepciones	La vivienda actual queda excluida de la responsabilidad ante deudas salvo deudas tributarias y con Seguridad Social. Además, hay opción de solicitar Pago Único antes de darte de alta como empresario individual en caso de paro. Existen posibilidades de acogerse a bonificaciones en la cuota de autónomo de la Seguridad Social.

12.2. El tercer sector

El sector cultural, por su propia idiosincrasia tiene un elevado peso en la economía, no obstante, las formas de transformación no son únicamente las sociedades mercantiles, sino que los colectivos organizados, asociaciones culturales y las fundaciones son elementos esenciales en la aportación social y económica de la cultural.

No es sencillo, encontrar una manera plástica de entender la aportación de asociaciones y fundaciones al Producto Interior Bruto, pero no obstante es imprescindible conocer de esta excepcionalidad, he ahí la necesidad de conocer el tercer sector cultural, aunque sea brevemente. Se denomina *«Tercer Sector»* al conjunto de organizaciones con finalidades de interés social y sin ánimo de lucro promovidas por la sociedad civil.

Estas actividades tienen una característica común y es que, en general, no son económicamente rentables, por lo que el mercado no las cubre. Sin embargo, en todas ellas existen lo que los economistas llaman *«economías externas positivas que significa que estas actividades tienen un valor económico y social para la sociedad muy superior al impacto directo de sus proyectos concretos, pues garantizan la estabilidad social y el incremento del bienestar».*

Para configurar este concepto del tercer sector se han realizado diversas denominaciones como Organizaciones sin fines de lucro (OSFL), Organizaciones no gubernamentales (ONG), Organizaciones no lucrativas (ONL). Entidades sin ánimo de lucro (ESAL), Entidades no lucrativas (ENL) o Entidades sin fines de lucro (ESFL).

Otros autores han sugerido llamarlas de forma distinta, de tal manera que pueda reflejar más apropiadamente lo que ellas son, es decir, resaltando un sentido positivista, gestándose así nombres como Organizaciones de economía social (OES), Organizaciones de intervención social (OIS), Organizaciones de acción social (OAS), Organizaciones voluntarias o De voluntariado (ov) y organizaciones del Tercer Sector (OTS).

Con el fin de clarificar este concepto de forma gráfica podemos analizar la tabla explicativa que se facilitará en recursos materiales. Siguiendo a L Salamon, y H. Anheirer

(1992), hay 5 elementos esenciales que configuran el Tercer Sector, tal y conforme hoy lo conocemos:

- Organización formal: Implica la necesidad de la existencia de una organización con objetivos y recursos destinados a esos objetivos. La mayoría de las organizaciones suelen ser fundaciones o asociaciones.
- Privada: Es decir son organizaciones que no estén integradas en la Administración Pública, quedando fuera del concepto las que dependen íntegramente de los presupuestos públicos.
- Sin ánimo de lucro: La Entidades no lucrativas, aun siendo en su caso generadoras de beneficios, no puede distribuir estos entre los asociados, patronos, directivos, gerentes o trabajadores, a diferencia de las sociedades mercantiles o empresas.
- Autogobierno: Las ENL (entidades no lucrativas) tienen órganos de autogobierno de carácter democrático.
- Altruismo: La idea de participación voluntaria de los asociados, y el objetivo de interés general son esenciales.

En la economía del Tercer sector, las entidades de la denominada *«acción social»* son las que mayor dimensión pública tienen. No obstante, las fundaciones culturales y asociaciones culturales son también muy importantes, aunque no tengan la misma visibilidad pública. A continuación, pasamos a definir y clarificar que son las fundaciones y las asociaciones de una manera sencilla y breve.

Si hemos de quedarnos con los dos pilares del tercer sector en España, hemos de quedarnos con las fundaciones y las asociaciones, las cuales vamos a definir y desarrollar.

Comenzando por las fundaciones, hemos de decir que son organizaciones constituidas sin fin de lucro que, por voluntad de sus creadores/as, tienen afectado de modo duradero su patrimonio a la realización de fines de interés general (defensa de los derechos humanos, asistencia social e inclusión social, cívicos, educativos, culturales etc....). Desarrollan actividades propias para el cumplimiento de sus fines, sin ánimo de lucro, con independencia de que la prestación o servicio se otorgue de forma gratuita o mediante contraprestación, pero también ejecutan actividades mercantiles que tengan como finalidad de intervenir en la producción o distribución de bienes o servicios para obtener lucro, siempre que su objeto esté relacionado con los fines fundacionales. Pueden constituir fundaciones las personas físicas y las jurídicas, públicas o privadas.

El Patronato es su máximo órgano de organización social. Es un órgano de gobierno y representación de la fundación, que adoptará sus acuerdos por mayoría en los términos establecidos en los estatutos. Corresponde al patronato cumplir los fines fundacionales y administrar con diligencia los bienes y derechos que integran el patrimonio de la fundación, manteniendo el rendimiento y utilidad de los mismos. Tiene que tener mínimo 3 personas.

Las fundaciones, reguladas en la CE, poseen una serie de obligaciones como:

- Destinar el patrimonio y sus rentas a los fines fundacionales y los estatutos de la fundación.
- Dar información suficiente de sus fines y actividades para que sean conocidos por sus eventuales beneficiarios/as y demás interesados/as.
- Actuar con criterios de imparcialidad y no discriminación en la determinación de sus beneficiarios/as
- Rendir cuentas y presentar los planes de actuación anuales al protectorado.
- Pueden obtener ingresos por sus actividades, siempre que ello no implique una limitación injustificada del ámbito de sus posibles beneficiarios/as.

Finalmente, las Fundaciones habrán de tener tres núcleos que la definan como lo es la contabilidad, el capital y su denominación. Las fundaciones sólo podrán tener una denominación, que no podrá coincidir o asemejarse con ninguna otra de la que conste su previa inscripción en un registro público español, o con una denominación protegida o reservada a otras entidades, públicas o privadas. Las personas físicas o jurídicas podrán emplear su nombre, denominación, seudónimo o acrónimo en la denominación de las fundaciones que constituyan.

Respecto a la contabilidad, las fundaciones deberán realizar la aportación de una cantidad o aportación de patrimonio inicial adecuada y suficiente para el cumplimiento de los fines fundacionales. Además, realizarán un inventario y unas cuentas anuales que presentarán al protectorado que las controle (plan anual de actuación, balance de situación, cuenta de resultados y memoria de actividades).

Las asociaciones suponen el otro ente organizativo o segunda forma que, como agente económico y social, promueven la cultura en el país. Se definen como agrupaciones de personas constituidas por un mínimo de tres personas para realizar una actividad colectiva de una forma estable, organizadas democráticamente, sin ánimo de lucro e independiente. La asociación es autónoma, tiene personalidad propia y su organización interna y funcionamiento deben ser democráticos, con pleno respeto al pluralismo. La asamblea general de los asociados y la junta directiva elegida por la asamblea general son sus órganos principales de decisión y trabajo directivo y sus principios son:

- No tiene ánimo de lucro, es decir, no se pueden repartir los beneficios o excedentes económicos anuales entre los/as asociados/as. Los beneficios deberán reinvertirse en el cumplimiento de los fines de la entidad, pero una asociación sí se puede:
- Tener excedentes económicos al finalizar el año
- Tener contratados laborales en la asociación
- Realizar actividades económicas que puedan generar excedentes económicos.

Al igual que las fundaciones, habrán de poseer una denominación que no podrá coincidir o asemejarse con ninguna otra denominación que conste en un registro público español, o con una denominación protegida o reservada a otras entidades, públicas o privadas. Su capital no es obligatorio ni se les exigirá contar con capital inicial como a las sociedades y a las fundaciones ni tampoco requiere patrimonio fundacional. Se financian con principalmente de las cuotas periódicas de sus asociados y de subvenciones, ayudas y donaciones.

Finalmente, la asociación (art. 22 CE) tiene que estar legalmente constituida e inscrita en el registro de asociaciones correspondiente a su CC. AA. o en el registro central de asociaciones que las contenga, publicite y controle. En el ámbito fiscal, están exentas del pago del IVA salvo que la asociación realice habitualmente actividades empresariales o profesionales y que éstas no se realicen exclusivamente a título gratuito.

ABREVIATURAS

AGE	Administración General del Estado
Art	Artículo
BIC	Bien de Interés Cultural
BNE	Biblioteca Nacional de España
BOE	Boletín Oficial del Estado
BORME	Boletín Oficial del Registro Mercantil
CB	Comunidad de Bienes.
Cc	Código Civil de 1889
CC. AA	Comunidades Autónomas
CCom	Código de Comercio de 1885
CE	Constitución Española de 1978
CEDRO	Centro Español de Derechos Reprográficos
CEE	Comunidad Económica Europea
CNMC	Comisión Nacional del Mercado y de la Competencia (antes de 2013, CNC)
CP	Ley Orgánica 10/1995, de 23 de noviembre, del Código Penal[54]
CUE	Consejo de la UE
DC	Derecho Civil
DDFF	Derechos Fundamentales

54 BOE núm. 281, de 24/11/1995, modificado por última vez el 24/8/2015.

DGRM	Dirección General del Registro y del Notariado
DM	Derecho Mercantil
DOCE	Diario Oficial de las Comunidades Europeas, sustituido por el DOUE
DOUE	Diario Oficial de la Unión Europea
DUDH	Declaración Universal de Derechos Humanos de 1948
EEE	Espacio Económico Europeo
FMI	Fondo Monetario Internacional
ICAA	Instituto de la Cinematografía y de las Artes Audiovisuales
ICC	Industrias Culturales y Creativas
INAEM	Instituto Nacional de las Artes Escénicas y de la Música
LCD	Ley 3/1991, de 10 de enero, de Competencia Desleal[55]
LDC	Ley 15/2007, de 3 de julio, de Defensa de la Competencia[56]
LEC	Ley 1/2000, de 7 de enero, de Enjuiciamiento Civil[57]
LECrim	Real Decreto de 14 de septiembre de 1882 por el que se aprueba la Ley de Enjuiciamiento Criminal[58]
LJCA	Ley 29/1998, de 13 de julio, reguladora de la Jurisdicción Contencioso-administrativa[59]
LOPJ	Ley Orgánica 6/1985, de 1 de julio, del Poder Judicial[60]

55 BOE núm. 10, de 11/01/1991.

56 BOE núm. 159, de 4/07/2007.

57 BOE núm. 7, de 08/01/2000.

58 BOE núm. 260, de 17/09/1882.

59 BOE núm. 167, de 14/07/1998.

60 BOE núm. 157, de 02/07/1985.

LPHE	Ley 16/1985, de 25 de junio de Patrimonio Histórico Español
LPI	Real Decreto Legislativo 1/1996, de 12 de abril, por el que se aprueba el texto refundido de la Ley de Propiedad Intelectual, regularizando, aclarando y armonizando las disposiciones legales vigentes sobre la materia[61]
N.º/Núm	Número
OCDE	Organización para la Cooperación y Desarrollo Económicos
ONU	Organización de las Naciones Unidas creada en 1945
PE	Parlamento Europeo
PGE	Presupuestos Generales del Estado
PI	Propiedad Intelectual.
PIDCP	Pacto Internacional de Derechos Civiles y Políticos de 1966
PIDESC	Pacto Internacional de Derechos Económicos, Sociales y Culturales de 1966
PYME	Pequeñas y Medianas Empresas.
RM	Registro Mercantil
RMC	Registro Mercantil Central
RMT	Registro Mercantil Territorial
S. Coop	Sociedades Cooperativas
SCPA	Sociedad Comanditaria por Acciones
SA	Sociedad Anónima
SC	Soeciedad Colectiva
SGAE	Sociedad General de Autores y Editores.
SGR	Sociedad de Garantía Recíproca

61 BOE núm. 97, de 22/04/1996.

SL	Sociedad Limitada
SLL	Sociedad Laboral.
ss.	Siguientes.
STC	Sentencia/ Sentencia del TC.
TC	Tribunal Constitucional de España.
TFUE	Tratado de Funcionamiento de la UE de 2007.
TS	Tribunal Supremo de España.
UE	Unión Europea.
UNESCO	Organización de las Naciones Unidas para la Educación, la Ciencia y la Cultura.

REFERENCIAS BIBLIOGRÁFICAS

ACHUGAR, H. (2003). «Derechos culturales: ¿una nueva frontera de las políticas públicas para la cultura?». *Pensar Iberoamérica*, 4, 1-9.

DONNELLY, J. (2003). *Derechos humanos universales en teoría y en la práctica*.

DWORKIN, R. (1977). *Tomar los derechos en serio*.

FLORIDI, L. (2014). *La cuarta revolución: cómo la infoesfera está transformando la realidad humana*. Oxford

ASENJO GONZÁLEZ, M. (2001). «El comercio. Actividad económica y dinámica social en las plazas y mercados de Castilla. Siglos XIII-XV». *Cuadernos del CEMYR*, 9, pp. 97-134

GONZÁLEZ FUSTER, G. (2014). *La emergencia de la protección de datos personales como derecho fundamental de la UE*.

HART, H. (1961). *El concepto de derecho*.

HENKIN, L. (1990). *La era de los derechos*.

LESSIG, L. (1999). *Código y otras leyes del ciberespacio*.

POSNER, R. (1973). *Análisis económico del derecho*.

UPRIMNY, R. (2011). «Constitucionalismo transformador en América Latina: el surgimiento de un nuevo ius commune». *Texas Law Review*,

AGUIAR LOSADA, E. (2014). «Las industrias culturales y creativas en España». *UAM-Accenture Working Paper*.

ÁLVAREZ-VALENZUELA, D., & PÉREZ, M. C. (2016). «La doble dimensión del derecho de autor: el acceso a la cultura y los derechos de autor». *Revista de Derecho Público*, (85), 11-32.

ARMENTA DEU, M. (2018). *Lecciones de Derecho Procesal Penal*. Madrid: Marcial Pons.

AVENDAÑO, C. H., ARIAS, A. V., & ARIAS, M. B. (2018). «Perspectivas investigativas en el estudio de las industrias culturales y creativas». *Kepes*, 15(17), 27-67.

BUSANICHE, B., & RAIA, M. (2016). «Propiedad intelectual y derechos humanos: hacia un sistema de derechos de autor que promueva los derechos culturales». *Temperley: Tren en movimiento*.

BUSTAMANTE RAMÍREZ, E. (2017). «Las industrias culturales y creativas», *Periférica: revista para el análisis de la cultura y el territorio*.

CASTRO-HIGUERAS, A. (2016). *Industrias culturales vs industrias creativas: un análisis crítico*.

CASTRO-HIGUERAS, A., & DE AGUILERA MOYANO, A. (2016). «El índice de potencialidad de las industrias culturales y creativas». *Fonseca, Journal of Communication*.

CATALÁN ROMERO, S, GONZÁLEZ RUEDA, A. (2014). *Manual Atalaya de Apoyo a la Gestión Cultural*. Disponible en: https://atalayagestioncultural.es/

CHASE, O. G. (2011). *Derecho, cultura y ritual: sistemas de resolución de controversias en un contexto intercultural*. Marcial Pons.

DE LA RODA, A. (2008). «El tercer sector: análisis de su salud, misión y significación». *Revista Radio Ecca*.

DELGADO, A. (1988). *Panorámica de la protección civil y penal en materia de PI.* Madrid: Civitas.

ELORZA, C., & CANCIO, A. (2021). «Trabajo en arte, institución museal y mercado del arte. Retos socioeconómicos en el contexto de las industrias culturales y creativas». *Arte, individuo y sociedad*, 33(2), 521.

FERNÁNDEZ LIESA, C. (2012). *Cultura y derecho internacional [Recurso electrónico].* Alcalá de Henares (Madrid): Universidad de Alcalá: Defensor del Pueblo.

FERNÁNDEZ, A. (2004). «La educación como derecho cultural». *Persona & derecho*, 50, 259.

FLORES DÉLEON, E. (2018): *Introducción al Derecho cultural*. Barcelona: Atelier.

GARROTE, I. (2005). *La reforma de la copia privada en la LPI*. Granada: Comares.

GONZÁLEZ GÓMEZ, A. (1998). *El tipo básico de los delitos contra la PI. De la reforma de 1987 al Codigo Penal de 1995*. Madrid: Tecnos.

GONZÁLEZ NAVARRO, B. (2015). *La reforma española de la Ley de PI: tensiones con el derecho comunitario y el TJUE*. Actualidad Jurídica Aranzadi, no 897.

GONZÁLEZ PÉREZ, J. Y GUASP, J. (1963). *Derecho procesal administrativo*. Madrid: Instituto de Estudios Políticos.

JIMÉNEZ SÁNCHEZ, G. (2014). *Lecciones de DM*, Madrid: Tecnos.

LEAL JIMÉNEZ, A., & QUERO-GERVILLA, M. J. (2011). *Manual de Marketing y Comunicación Cultural*. Marketing.

MARTÍNEZ, M. M., & SAAVEDRA, C. G. (2018). «Las industrias culturales y creativas en las comunidades autónomas españolas: El caso Cataluña». *Revista latina de comunicación social*, (73), 146-167.

MEZA THORNE, K. M., MEZA THORNE, L. M., & RODRÍGUEZ ALBOR, G. J. (2017). «Innovación, industrias culturales y desarrollo local». *Dimensión empresarial*, 15(1), 235-258.

MIRANDA, R. J. P. (2014). «Propiedad intelectual y derechos de acceso a la educación ya la cultura». *Alegatos*, (88), 615-638.

MIRÓ LLINARES, F. (2002). *La protección penal de la Propiedad Intelectual en la sociedad de la información. (Tesis Doctoral).* Alicante: Universidad Miguel Hernández de Elche.

MORA, F. M. M. (2004). «Los derechos culturales: Un acercamiento a su contenido programático y aplicabilidad normativa». *Cuadernos de Antropología*, 14.

ORTELLS RAMOS, A. (2018). *Derecho Procesal Civil*. Madrid: Aranzadi.

PALOMARES, M. (2021). «Protección jurídica en torno a los Derechos de Propiedad Intelectual desde el Código Procesal Español: Esquema, compendio y comentario» *Monograma | Revista Iberoamericana de Cultura y Pensamiento*, (9), 281-305.

PALOMARES, M. (2022). *Fundamentos de la Transparencia y el Acceso a la Información*. Dykinson.

PEÑA, J. M. P., & MIGUEL, J. (2011). «La socialización del patrimonio bibliográfico y documental de la humanidad desde la perpectiva de los derechos culturales». *Revista general de información y documentación*, 21(2011), 291-312.

PIEDRAS, E. (2012). «Industrias culturales y creativas». *Índice*.

PRIETO DE PEDRO, J. (2002). «Cultura, economía y derecho, tres conceptos implicados». Perú: *Revista de cultura*, N.° 1.

PRIETO DE PEDRO, J. (2004). «Derechos Culturales y Desarrollos Humanos. Pensar Iberoamérica». *Revista de cultura*, N.° 7.

PRIETO DE PEDRO, J. (2009). *El Derecho de la Cultura.* coord. por Tomás CANO CAMPOS, Vol. 8, Tomo 2.

PRIETO DE PEDRO, J. (2009). *La protección jurídico internacional del patrimonio cultural: especial referencia a España* coord. por Félix VACAS FERNÁNDEZ, Pablo ZAPATERO MIGUEL; Carlos R. FERNÁNDEZ. Madrid: Editorial Constitución y Leyes de COLEX.

QUARTESAN, A., ROMIS, M., & LANZAFAME, F. (2007). *Las industrias culturales en América Latina y el Caribe: desafíos y oportunidades*.

RODRÍGUEZ-FERRÁNDIZ, R. (2008). «La publicidad como industria cultural», *Revista internacional de investigaciones publicitarias*

RODRÍGUEZ-FERRÁNDIZ, R. (2009). «Tiempos de cambio: industrias culturales en clave postindustrial», *Telos: cuadernos de comunicación e innovación*.

RUIZ, G. M. (1994). *Manual básico del promotor cultural*. Editorial Tlatocan.

SOUTO, C. A. A. (2014). «El derecho de acceso a la cultura en España: diagnóstico y propuestas de estrategia jurídica». *Revista Vasca de Administración Pública*.

SYMONIDES, J. (1998). «Derechos culturales: una categoría descuidada de derechos humanos». *Revista Internacional de Ciencias Sociales*, 11(5), 1-20.

VALENCIA, J., UMBA LÓPEZ, A. M., MONÁ, A. M., VALENCIA ARIAS, A., & PATIÑO VANEGAS, C. (2019). «Evolución y tendencias investigativas en marketing orientado a industrias culturales y creativas: un análisis bibliométrico en Scopus». *Semestre económico*, 22(53), 189-213.

VAQUER CABALLERÍA, M. (1998). *Estado y cultura: la función cultural de los poderes públicos en la CE.* Madrid: Centro de Estudios Ramón Areces.

VV.AA. (2010). «Aproximación teórica a las organizaciones del tercer sector», *Espacio abierto,* 2010.

YANES, L. M. A. (2006). «Los derechos culturales como derechos en desarrollo: una aproximación». *Nuevas Políticas Públicas: Anuario multidisciplinar para la modernización de las Administraciones públicas*, (2), 262-283.

YÚDICE, G. (2008). «Medios de comunicación e industrias culturales, identidades colectivas y cohesión social». *Sao Paulo y Santiago de Chile: IFCH y CIEPLAN*.

Webgraficas

- **Becas, ayudas y subvenciones**: https://www.cultura.gob.es/servicios-al-ciudadano/catalogo/becas-ayudas-y-subvenciones.html
- **Boletín Oficial del Estado**: www.boe.es/legislacion/legislacion.php
- **Búsqueda de formas jurídicas**: https://infoautonomos.eleconomista.es/tipos-de-sociedades/crear-una-sociedad-comparativa-de-formas-juridicas/
- **Diario Oficial de la Unión Europea**: https://eur-lex.europa.eu/oj/direct-access.html?locale=es
- **Escuela de Organización Industrial**: http://www.eoi.es/wiki/index.php/Normas_espa%C3%B1olas_en_Propiedad_intelectual
- **Ministerio de Cultura**: http://www.mineco.gob.es/
- **Plataforma PYME del Ministerio de Industria y Turismo**: http://www.creatuempresa.org/es-ES/PasoApaso/Paginas/FormasJuridicas-Descripcion.aspx?cod=SRL&nombre=Sociedad%20de%20Responsabilidad%20Limitada&idioma=es-ES
- **Poder Judicial**: http://www.poderjudicial.es/search/indexAN.jsp
- **Portal legal de V-Lex para búsqueda de recursos**: https://libros-revistas-derecho.vlex.es/vid/cuestiones-procesales-395915346
- **Portal para PYMES de la Dirección General de Industria y de la Pequeña y Mediana** Empresahttp://www.ipyme.org/es-ES/DecisionEmprender/FormasJuridicas/Paginas/FormasJuridicas.aspx
- **Registro de la Propiedad Intelectual**: https://www.cultura.gob.es/cultura/areas/propiedadintelectual/mc/rpi/inicio.html
- **Registro Mercantil**: https://www.registradores.org/el-colegio/registro-mercantil
- **Servicios al Ciudadano para las Industrias Culturales**: https://www.cultura.gob.es/cultura/industriasculturales/portada.html

- **Ventanilla Única Digital**: https://www.ventanillaunica.digital/VU_QuienesSomos.aspx

Legislativas

- Constitución Española de 29 de diciembre de 1978.
- Ley 1/2017, de 18 de abril, sobre restitución de bienes culturales que hayan salido de forma ilegal del territorio español o de otro Estado miembro de la Unión Europea, por la que se incorpora al ordenamiento español la Directiva 2014/60/UE, del Parlamento Europeo y del Consejo de 15 de mayo de 2014.
- Ley 10/2007, de 22 de junio, de la lectura, del libro y de las bibliotecas.
- Ley 10/2015, de 26 de mayo, para la salvaguardia del Patrimonio Cultural Inmaterial.
- Ley 13/2022, de 7 de julio, General de Comunicación Audiovisual.
- Ley 16/1985, de 25 de junio, del Patrimonio Histórico Español.
- Ley 16/1985, de 25 de junio, del Patrimonio Histórico Español.
- Ley 18/2013, de 12 de noviembre, para la regulación de la Tauromaquia como patrimonio cultural.
- Ley 23/2011, de 29 de julio, de depósito legal.
- Ley 49/2002, de 23 de diciembre, de régimen fiscal de las entidades sin fines lucrativos y de los incentivos fiscales al mecenazgo.
- Ley 55/2007, de 28 de diciembre, del Cine.
- Ley Orgánica 10/1995, de 23 de noviembre, del Código Penal.
- Real Decreto 1084/2015, de 4 de diciembre, por el que se desarrolla la Ley 55/2007, de 28 de diciembre, del Cine.
- Real Decreto 111/1986, de 10 de enero, de desarrollo parcial de la Ley 16/1985, de 25 de junio, del Patrimonio Histórico Español.

- Real Decreto 1270/2003, de 10 de octubre, por el que se aprueba el Reglamento para la aplicación del régimen fiscal de las entidades sin fines lucrativos y de los incentivos fiscales al mecenazgo.
- Real Decreto 1398/2018, de 23 de noviembre, por el que se desarrolla el artículo 25 del texto refundido de la Ley de Propiedad Intelectual, aprobado por el Real Decreto Legislativo 1/1996, de 12 de abril, en cuanto al sistema de compensación equitativa por copia privada.
- Real Decreto 1680/1991, de 15 de noviembre, por el que se desarrolla la disposición adicional novena de la Ley 16/1985, de 25 de junio, del Patrimonio Histórico Español, sobre garantía del Estado para obras de interés cultural.
- Real Decreto 1708/2011, de 18 de noviembre, por el que se establece el Sistema Español de Archivos y se regula el Sistema de Archivos de la Administración General del Estado y de sus Organismos Públicos y su régimen de acceso.
- Real Decreto 209/2023, de 28 de marzo, por el que se establecen la relación de equipos, aparatos y soportes materiales sujetos al pago de la compensación equitativa por copia privada, las cantidades aplicables a cada uno de ellos y la distribución entre las distintas modalidades de reproducción, previstas en el artículo 25 del texto refundido de la Ley de Propiedad Intelectual, aprobado por Real Decreto Legislativo 1/1996, de 12 de abril.
- Real Decreto 224/2016, de 27 de mayo, por el que se desarrolla el régimen jurídico de las obras huérfanas.
- Real Decreto 582/1989, de 19 de mayo, por el que se aprueba el Reglamento de Bibliotecas Públicas del Estado y del Sistema Español de Bibliotecas.
- Real Decreto 611/2023, de 11 de julio, por el que se aprueba el Reglamento del Registro de la Propiedad Intelectual.
- Real Decreto 620/1987, de 10 de abril, por el que se aprueba el Reglamento de Museos de Titularidad Estatal y del Sistema Español de Museos.
- Real Decreto 624/2014, de 18 de julio, por el que se desarrolla el derecho de remuneración a los autores por los préstamos de sus obras realizados en determinados establecimientos accesibles al público.

- Real Decreto 635/2015, de 10 de julio, por el que se regula el depósito legal de las publicaciones en línea.
- Real Decreto de 3 de septiembre de 1880 por el que se aprueba el Reglamento para la ejecución de la Ley de 10 de enero de 1879 sobre propiedad intelectual.
- Real Decreto Legislativo 1/1996, de 12 de abril, por el que se aprueba el texto refundido de la Ley de Propiedad Intelectual, regularizando, aclarando y armonizando las disposiciones legales vigentes sobre la materia.

COLEX

LA EDITORIAL JURÍDICA DE REFERENCIA PARA LOS PROFESIONALES DEL DERECHO **DESDE 1981**

Paso a paso

Códigos comentados

Vademecum

Formularios

Flashes formativos

Colecciones científicas

DESCUBRA NUESTRAS OBRAS EN:

www.colex.es

Editorial Colex SL Tel.: 910 600 164 info@colex.es

Made in the USA
Monee, IL
05 November 2026

67911909R00098